U0570533

组织阅读科学故事

《"四特"教育系列丛书》编委会　编著

吉林出版集团股份有限公司
全国百佳图书出版单位

图书在版编目（CIP）数据

组织阅读科学故事／《"四特"教育系列丛书》编委会
编著．—长春：吉林出版集团股份有限公司，2012.4
（"四特"教育系列丛书／庄文中等主编．爱学习，爱
科学）
ISBN 978-7-5463-8684-3

I．①组…　Ⅱ．①四…　Ⅲ．①科学知识－教学研究－中小
学　Ⅳ．① G633.72

中国版本图书馆 CIP 数据核字（2012）第 044184 号

组织阅读科学故事
ZUZHI YUEDU KEXUE GUSHI

出 版 人	吴　强	
责任编辑	朱子玉　杨　帆	
开　　本	690mm×960mm　1/16	
字　　数	250 千字	
印　　张	13	
版　　次	2012 年 4 月第 1 版	
印　　次	2023 年 2 月第 3 次印刷	

出　　版	吉林出版集团股份有限公司
发　　行	吉林音像出版社有限责任公司
地　　址	长春市南关区福祉大路 5788 号
电　　话	0431-81629667
印　　刷	三河市燕春印务有限公司

ISBN 978-7-5463-8684-3　　　　定价：39.80 元

前　言

　　学校教育是个人一生中所受教育最重要组成部分,个人在学校里接受计划性的指导,系统地学习文化知识、社会规范、道德准则和价值观念。学校教育从某种意义上讲,决定着个人社会化的水平和性质,是个体社会化的重要基地。知识经济时代要求社会尊师重教,学校教育越来越受重视,在社会中起到举足轻重的作用。

　　"四特教育系列丛书"以"特定对象、特别对待、特殊方法、特例分析"为宗旨,立足学校教育与管理,理论结合实践,集多位教育界专家、学者以及一线校长、老师们的教育成果与经验于一体,围绕困扰学校、领导、教师、学生的教育难题,集思广益,多方借鉴,力求全面彻底解决。

　　本辑为"四特教育系列丛书"之《爱学习,爱科学》。

　　古今中外,许多成功人士都重视和强调学习方法的重要性。伟大的生物学家达尔文就曾说过:"一切知识中最有价值的是关于方法的知识。"著名的大科学家爱因斯坦的成功方程式则是"成功 = 艰苦的劳动 + 正确的方法 + 少说空话"。这也是爱因斯坦对其一生治学和科学探索的总结。我们不难看出正确的方法在成功诸因素中具有多么重要的位置。联合国教科文组织教育发展委员会在《学会生存》一书中指出:"未来的文盲不再是不识字的人,而是没有学会怎样学习的人。"也就是说,未来的文盲不是"知识盲",而是"方法盲"。所以,在教学中对学生进行正确学习方法教育极具重要性。本书包括提高智力的方法以及各种学习方法和各科学习方法等内容,具有很强的系统性、实用性、实践性和指导性。但要说明的是:"学习有法,但无定法,贵在得法"。教师在教学中要注意因材施教,注意学生的个体差异,进而施以不同的方法教育,这样才能让学生掌握最适合自己的学习方法和学习的金钥匙,从而终身享用。

　　科学是人类进步的第一推动力,而科学知识的普及则是实现这一推动的必由之路。在新的时代,社会的进步、科技的发展、人们生活水平的不断提高,为我们青少年的科普教育提供了新的契机。抓住这个契机,大力普及科学知识,传播科学精神,提高青少年的科学素质,是我们全社会的重要课题。科学教育,是提高青少年素质的重要因素,是现代教育的核心,这不仅能使青少年获得生活和未来所需的知识与技能,更重要的是能使青少年获得科学思想、科学精神、科学态度及科学方法的熏陶和培养。

　　本辑共20分册,具体内容如下:

　　1.《智能提高有办法》

　　智能提高可能性,与遗传基因和后天因素息息相关。遗传因素我们无法改变,能够改变的就是尽量利用后天因素。本书针对学生如何提高学习智能进行了系统而深入的分析和探讨,并给予了切实的指导,对中小学生颇有启发意义,具有很强的系统性、实用性、实践性和指导性。

　　2.《高效学习有办法》

　　高效学习法是一种富教于乐的教育方式和高效学习训练系统。它从阅读、记忆、速算、书写这四个方面入手,提高孩子的"速商"让孩子读的快、学的快、算的快、记的快,迅速提高学习成绩。本书针对学生如何提高学习效率进行了系统而深入的分析和探讨,并给予了切实的指导,对中小学生颇有启发意义,具有很强的系统性、实用性、实践性和指导性。

3.《提高记忆有办法》

人的大脑机能几乎都以记忆力为基础,只有记忆力好,学习、想象、创意、审美等能力才能顺利发展。那么如何才能记得更多、记得更牢、更有效地提高记忆力呢? 本书帮助你找到提高记忆力的秘密,将记忆能力提升到顶点。本书针对学生如何提高记忆力进行了系统而深入的分析和探讨,并给予了切实的指导,对中小学生颇有启发意义,具有很强的系统性、实用性、实践性和指导性。

4.《阅读训练有办法》

本书以语境语感训练为主要教学法,以日常生活中必读的各种文体、范文讲解及阅读材料的补充为内容,从快速阅读入手,帮助学习者提高汉语阅读水平。学生在学习的过程,根据实际情况选用适应的学习方法,定能收到事半功倍的效果。

5.《轻松作文有办法》

写作是汉语的重要组成部分,在汉语中有举足轻重的地位。人们抒发感情需要写作,总结经验教训需要写作,记叙事件需要写作……总之,无论学习、工作、生活都离不开写作。本书针对学生如何提高写作能力进行了系统而深入的分析和探讨,并给予了切实的指导,对中小学生颇有启发意义,具有很强的系统性、实用性、实践性和指导性。

6.《课堂学习有办法》

课堂听课是学生在校学习的基本形式,学生在校学习的大部分时间是在听课中度过的。听课之所以重要,是因为大部分知识都得通过听老师的讲课来获取。要想学习好,首先必须学会听课。本书针对学生如何提高课堂学习能力进行了系统而深入的分析和探讨,并给予了切实的指导,对中小学生颇有启发意义,具有很强的系统性、实用性、实践性和指导性。

7.《自主学习有办法》

自主学习是与传统的接受学习相对应的一种现代化学习方式。以学生作为学习的主体,通过学生独立的分析、探索、实践、质疑、创造等方法来实现学习目标。本书针对学生如何提高自主学习能力进行了系统而深入的分析和探讨,并给予了切实的指导,对中小学生颇有启发意义,具有很强的系统性、实用性、实践性和指导性。

8.《应对考试有办法》

考试主要有两种目的:一是检测考试者对某方面知识或技能的掌握程度;二是检验考试者是否已经具备获得某种资格的基本能力。如何有效的准备考试,可分成考试前、考试中、考试后三个部分做说明。本书针对学生如何应对考试进行了系统而深入的分析和探讨,并给予了切实的指导,对中小学生颇有启发意义,具有很强的系统性、实用性、实践性和指导性。

9.《文科学习有办法》

综合文科的学习旨在帮助学生学会学习,学会分析研究人与自然、人与社会、人与自身关系中的现实问题,学会探讨解决问题的方法等,帮助学生树立终身学习的观念。在这个过程中不断培养学生的实践能力、创新意识和创造力。本书针对学生如何提高文科学习能力进行了系统而深入的分析和探讨,并给予了切实的指导,对中小学生颇有启发意义,具有很强的系统性、实用性、实践性和指导性。

10.《理科学习有办法》

理科学习要形成良好的学习习惯和有效的学习方法。总的来说,科学的学习方法可用如下此歌谣来概括:课前要预习,听课易入脑。温故才知新,歧义见分晓。自学新内容,要把重点找。问题列出来,听课有目标。听课要专心,努力排干扰。扼要做笔记,动脑多思考。课后须复习,回忆第一条。看书要深思,消化细咀嚼。本书针对学生如何提高理科习能力进行了系统而深入的分析和探讨,并给予了切实的指导,对中小学生颇有启发意义,具有很强的系统性、实用性、实践性和指导性。

11.《组织阅读科学故事》

在我们生活的各个角落,疑问几乎无处不在,而这些疑问往往能激发孩子们珍贵的求知欲,它能引领孩子们正确的认识和了解世界,并进一步地探知世界的奥秘,是早期教育最为关键的环节。为了让孩子们更好的把握时代的脉搏,做知识的文人,我们特此编写了这本书,该书真正迎合了青少年的心理,内容涵盖广泛,情节生动鲜活,无形中破解孩子们心中的疑团,并且本书生动有趣,是青少年最佳的课外读物。

12.《培养科学幻想思维》

幻想思维是指与某种愿望相结合并且指向未来的一种想象,由于幻想在人们的创造活动中起着重要作用,在发明创造活动中应鼓励人们对事物进行各种各样的幻想.幻想思维可以使人们的思想开阔、思维奔放,因此它在创造中的作用是显而易见的。本书针对学校如何培养学生的幻想思维进行了系统而深入的分析和探讨,并给予了切实的指导,对中小学生颇有启发意义,具有很强的系统性、实用性、实践性和指导性。

13.《培养科学兴趣爱好》

怎样让学生对科学产生兴趣? 这是很多老师都想得到的答案。想学好科学,兴趣很关键。其实,生活中的许多小细节都蕴涵着丰富的科学知识,大家完全可以因地制宜,为学生创造个良好的环境,尽量给学生提供不同的机会接触各种活动。本书针对学校如何培养学生的科学兴趣爱好进行了系统而深入的分析和探讨,并给予了切实的指导,对中小学生颇有启发意义,具有很强的系统性、实用性、实践性和指导性。

14.《培养学习发明创造》

发明创造是科学技术繁荣昌盛的标志和民族进取精神的体现。有学者预言,二十一世纪将是一个创造的世纪,而迎接这个创造世纪的主人,正是我们那些在校学习的孩子们。因此对青少年进行发明创造教育,就显得极其重要了。心理学家研究表明,青少年的好奇心正是他们探索世界,改造世界,产生创造欲望的心理基础。通过开展青少年发明创造活动,鼓励青少年去发现新问题,提出新设想,实现新目标,这是培养他们的创新精神,提高他们的创造力的最好途径。

15.《培养科学发现能力》

阿基米德在洗澡时发现了阿基米德定律,牛顿看到苹果落地,最终得出了牛顿第一运动定律。在科学史上,这样的事例还有很多,它证明科学并不神秘,真理并不遥远,只要我们能见微知著,善于发问,并不断探索,那么,当你解答了若干个问题之后,就能发现真理。本书针对学校如何培养学生的科学发现能力进行了系统而深入的分析和探讨,并给予了切实的指导,对中小学生颇有启发意义,具有很强的系统性、实用性、实践性和指导性。

16.《组织实验制作发明》

科学并不神秘,更没有什么决定科学力量的"魔法石",科学的本质在于好奇心和造福人类的理想驱使下的探索和创新。自然喜欢保守她的奥秘,往往不直接回应我们的追问,但只要善于思考、勤于动手、大胆假设、小心求证,每个人都能像科学大师一样——用永无止境的探索创新来开创人类的文明。本书针对学校如何组织学生实验制作发明进行了系统而深入的分析和探讨,并给予了切实的指导,对中小学生颇有启发意义,具有很强的系统性、实用性、实践性和指导性。

17.《组织参观科普场馆》

本书集中介绍了全国多家专题性科普场馆。这些场馆涉及天文、地质、地震、农业、生物、造船、汽车、交通、邮政、电信、风电、环保、公安、银行、纺织服饰、中医药等多个行业和学科领域。本书再现了科普场馆的精彩场景;科普场馆的基本概况、精彩展项、地理位置、开放时间、联系方式等多板块、多角度信息,全面展示了科普场馆的风采,吸引读者走进科普场馆一探究竟。本书是一本科普读物,更是一本参观游览的实用指南。通过本书的介绍能让更多的观众走进科普场馆。

18.《组织探索科学奥秘》

作为智慧生物的人类自诞生之日起就开始了漫长的探索进程,人类的发展史就是一部探索科学、利用科学史。镭的发现,为人类探索原子世界的奥秘打开了大门。万有引力的发现,使人们对天体的运动不在感到神秘。进化论的提出,让人类知道了自身的来历……探索让人类了解生命的起源秘密,探索让人类掌握战胜自然的能力,探索让人类不断进步,探索让人类完善自己。尽管宇宙无垠、奥秘无穷,但作为地球的主宰者,却从未停下探索的步伐。因为人类明白:科学无终点,探索无穷期。

19.《组织体验科技生活》

科技总是不断在进步着,并且改变着我们的生活,让我们的生活变得更加多彩。学校科学技术普及的目的是使广大青年学生了解科学技术的发展,掌握必要的知识、技能,培养他们对科学技术的兴趣和爱好,增强他们的创新精神和实践能力,引导他们树立科学思想、科学态度,帮助他们逐步形成科学的世界观和方法论。本书针对学校如何组织学生体验科技生活进行了系统而深入的分析和探讨,并给予了切实的指导,对中小学生颇有启发意义,具有很强的系统性、实用性、实践性和指导性。

20.《组织科技教学创新》

现在大家提倡素质教育,科学素质是素质教育的重要组成部分,学生科学素质培养的核心是培养学生的创新精神和创新能力,创新能力的培养、开发应从幼儿开始,在长期的教学、训练过程中逐步形成和发展。小学科技教学,在培养学生创新精神和创新能力中,起着举足轻重的作用。帮助学生树立新的观念,主动地、富有兴趣地学习新的科学知识,去观察、探索、实验现实生活乃至自然界的问题,在课内外展开研究性的教学活动等,是行之有效的。但是,科技活动辅导任重而道远,这就要求科技课教师不断探索辅导方法,不断提高辅导水平,为全面推进素质教育,实施科教兴国战略奠定坚实的人才和知识基础。

由于时间、经验的关系,本书在编写等方面,必定存在不足和错误之处,衷心希望各界读者、一线教师及教育界人士批评指正。

编者

目　录

1

第一章

学生科普阅读指导

1．学生阅读的涵义

学生阅读的定义

阅读是从书面材料中获取信息的过程。书面材料主要是文字，也包括符号、公式、图表等。首先是把文字符号变成声音，后达到对书面材料的理解。阅读是一种主动的过程，是由阅读者根据不同的目的加以调节控制的。

阅读时的眼动是一系列的跳动，跳动本身历时很短，而且不能产生对文字的清晰视觉。对文字的清晰视觉都是在注视时得到的。

学生阅读就是指特定人群学生这一群体的阅读活动。

影响阅读的因素

影响阅读理解的外部因素包括文字材料和情境的物理特点，如：照明条件，文字的字体、型号等；文字材料的易读度，如字词的常用程度，句子的长短与结构的繁简，命题密度（即在一定长度的材料中出现的概念数）等；材料的概括与抽象的程度；由外部确定的阅读目的等等。影响阅读理解的内部因素主要是阅读者的知识基础。此外，阅读者的注意、记忆和思维也都是重要的内部因素。

阅读速度的快慢

一般人的正常阅读速度是200字/分，而受过快速阅读训练的人的一般阅读速度是300字/分，但这要经过刻苦的训练。先训练默读，做到不出声音、不受干扰、专心致志；再训练读目录和标题，在阅读中紧紧抓住段落的核心；再训练扫描读，像摄像机一样工作，而不是数人头式地阅读，从第一个字读到最后一个字；再训练段读，用抓关键词的方法，几秒钟就抓住一段文字中的关键词，一次性阅读一个段落。一点一滴地强化，才可能最终突破。

2. 学生阅读的意义

　　阅读是一种源自于书籍却不限于书籍的人类行为。我们阅读书籍，然而我们也阅读绘画，阅读雕刻，阅读音乐，还有，阅读人。

　　我们"读一个人"，意味着不只是看看他、认识他，而是要深入理解与他相关的种种。什么时候，我们会不只看看一个人，点点头跟他打个招呼，却会想要"读一读"他呢？显然，第一，我们从芸芸众生中挑出这个人，对他产生了高度的兴趣；第二，我们觉得这个人跟我们的生命有某种特殊亲近的联系。

　　需要用心时，我们就"阅读"；希望有些什么知识或经验可以触动我们的灵魂时，我们就"阅读"。从阅读书籍得来的态度教我们要放慢速度，同时放开感官的敏锐接收范围，我们才有办法专注地对待格外重要的事物，也才有办法让外界带来的东西进入自己，变成自己生命的一部分。

　　我们常习惯性地以为，读书动用的就是视觉。我们是用眼睛看书，然而只动用眼睛的话，我们看了书，却没有读到书。我们跟书之间的关系，也有很多种，翻翻看看，不等于阅读。唯有激活了所有的感官感受，先愿意尊重地视书籍为一个独立且丰美的世界，让文字记录的意义随时幻化为听觉、嗅觉、味觉、触觉，而且投注以悲欣痛喜，依照书的讯息调整我们对世界的关照与生命的理解，我们才真正"阅读"了一本书。

　　用抽象语言描写起来似乎是那么艰难的过程，可奇怪的是，我们大部分的人从小一接触到书，很自然领会了的。我们将这种"阅读"态度内化，是对待书本最好的方式。

　　通常，我们不会自然地如此专注地对待电视电影，甚至不会如此专注地对待平常听到的音乐。是因为和书相处，累积了"阅读"的美好灵魂经验，有一天，我们才突然意识——那难道不能用同样的态度来"阅读"别的东西吗？"阅读"一张母亲年轻时的照片，突然，本来"看"照片不曾有的感动，铺天盖地淹没了我们；"阅读"一首年少时走在凉风街道上习惯会哼唱的歌曲，突然听到了自己生命中本来一直沉默着的某个腔调。

"阅读"是动员生命感受与外物诚挚对应的训练，过去因为书籍在文明传承中扮演的重要角色，借由对书籍的谨慎态度，最容易自然学到"阅读"。现在的人，书读得越来越少，损失的不是书中承载的那些讯息内容，而是本来可以从和书的互动中养成的"阅读"习惯与能力。毕竟，我们不太可能用以前读书的敬谨态度来看待网络上五花八门的信息，不是吗？

如果有一天，生命中再也没有可以引发我们"阅读"冲动的人，或者，对再有趣、再亲近的人，我们都失去了"阅读"他们的本事，那么，活着，是不是少了许多灵魂悸动的快乐？

3. 阅读科学故事的重要性

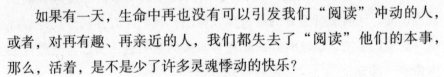

正如前苏联著名教育家苏霍姆林斯基所说："如果学生的智力生活仅局限于教科书，如果他做完了功课就觉得任务已经完成，那么他是不可能有自己特别爱好的科学的。"我们必须力争"使每一个学生在书籍的世界里有自己的生活"。学生的知识体系是通过课内外的自主学习而逐渐建立起来的。广泛的课外阅读是学生搜集和汲取知识的一条重要途径。学生从课堂上掌握的知识不是很具体和容易理解的，而是意识性的知识，需要再消化才会吸收。学生可将自己从课内学到的知识融汇到他从课外书籍中所获取的知识渠道中去，相得益彰，形成"立体"的牢固的知识体系。

课外阅读，例如阅读科学故事不仅对学生的学习有着重要作用，对学生的道德素质和思想意识也有重大影响。

"一本好书可以影响人的一生。"这句话是有道理的，学生更应"多读书、读好书"。几乎每位学生都有自己心中的英雄或学习的榜样，如军人、科学家、老师、英雄人物，哪怕是身边的同学或者自己的父母等。这些令他们崇拜或学习和模仿的楷模相当一部分是学生通过阅读各类书籍时所认识的。

当学生进行阅读时，便会潜意识地将自己的思想和行为与书中所描述的人物形象进行比较，无形中就提高了自身的思想意识和道德素质。课外阅读伴随着学生的整个学习过程，我们不要将课外阅读片面地理解为语文学科的学习，对于从各门学科的学习中所获得的新知识和新内容都需要大量的课外阅读作为补充和配合，使学生更牢固地掌握和吸收。

4. 阅读的主要方法

阅读主要有四种方法，学生可以根据自己的实际情况学习掌握。

信息式阅读法

这类阅读的目的只是为了了解情况。我们阅读报纸、广告、说明书等属于这种阅读方法。对于大多数这类资料，读者应该使用一目十行的速读法，眼睛像电子扫描一样地在文字间快速浏览，及时捕捉自己所需的内容，舍弃无关的部分。任何人想及时了解当前形势或者研究某一段历史，速读法是不可少的。然而，是否需要中断、精读或停顿下来稍加思考，视所读的材料而定。

文学作品阅读法

文学作品除了内容之外，还有修辞和韵律上的意义。因此阅读时应该非常缓慢，自己能听到其中每一个词的声音，如果嘴唇没动，只是因为偷懒。例如读"压力"这个词时，喉部肌肉应同时运动。阅读诗词更要注意听到声音，即使是一行诗中漏掉了一个音节，照样也能听得出来。阅读散文要注意它的韵律，聆听词句前后的声音，还需要从隐喻或词与词之间的组合中获取自己的感知。文学家的作品，唯有充分运用这种接受语言的能力，才能汲取他们的聪明才智、想象能力和写作技巧。这种依赖耳听——通过眼睛接受文字信号，将它们转译成声音，到达喉咙，然后加以理解的阅读方法，最终同我们的臆想能力相关。

经典著作阅读法

这种方法用来阅读哲学、经济、军事和古典著作。阅读这些著作要像读文学作品一样的慢，但读者的眼睛经常离开书本，对书中的一字一句都细加思索，捕捉作者的真正的用意，从而理解其中的深奥的哲理。值得注意的是，如果用经典著作阅读法阅读文学作品，往往容易忽略文学作品的特色，以使读者自己钻进所谓文学观念史的牛角尖中去。

麻醉性的阅读法

这种阅读只是为了消遣。如同服用麻醉品那样使读者忘却了自己的存在，飘飘然于无限的幻想之中。这类读者一般对自己的经历和感受不感兴趣，把自己完全置身于书本之外。如果使用麻醉性的阅读方法阅读名著，读者只能得到一些已经添加了自己的幻想的肤浅的情节，使不朽的名著下降到鸳鸯蝴蝶派作家的庸俗作品的水平。如果漫不经心地阅读《安娜·卡列尼娜》，犹如读一本拙劣的三角恋爱小说。麻醉性的阅读在将进入成年的时候达到顶峰。年轻人的麻醉阅读是造成大量的文学作品质量低劣的原因。

5. 通用式阅读法

通用式阅读法是一种时常采用的精读方法。通常分五个步骤进行：

浏览

就是对文章做鸟瞰式感知，用较短的时间通读一遍，获取大量的有效信息，得到总体的印象，概括了解文章的主题、大意或观点、材料。

提问

根据浏览的印象和自己的需要，提出需要弄清的问题，使阅读文章的目标具体明确。提问可以从内容与形式两个方面去设计。内容方面包括中心思想、社会意义、作者的情况、写作的背景与动机、内容要点、主要章节和段落的研究等；形式方面包括文章的结构布局、各个部分的关联、体裁形式、表达手段、用语特点、词句的推敲等。

精读

这是关键的步骤，必须认真阅读文章、圈点、批划、评注，弄清词句含义，逐段理解内容，理清线索，把握主题，针对自己提出的问题，作摘要，抄卡片，写笔记，列提纲，绘图表等，切实具体地解决问题。

背诵

强调记住需要记忆的内容，不一定都是一字不差的背诵，可以作尝试性回忆，再与文章对照反复记忆，力求记得准确、迅速，也可以复述文章的主要内容，默写提纲，记住要点。

复习

包括系统整理提纲和读书笔记，重温主要问题解决的办法，完成必要的练习。通用式阅读法，综合运用了感知、记忆与思维的规律，能使阅读获得较好的效果。

6. 阅读的分类方法

以阅读时是否发音为标准

一般以阅读时是否出声音为标准，则可以分为朗读、默读和视读三类，前两类也称为音读，后一类一般称为速读。朗读（有的称诵读）即发出声音的阅读，这类阅读多半在少儿识字、读书背诵时使用，或因老师需要了解学生是否真的会读，或作检验学生阅读能力等；而默读则是表面没有发出声音，而大脑中仍然在默念阅读时的文字或符号读音的阅读，这种阅读是当今为最大多数人所熟悉并使用的阅读方法；视读即速读，它则是指完全由人的视觉器官眼睛识别后直接由大脑发生知觉的阅读方式，它的特点就是由眼睛识别后直接作用于大脑产生意义理解的阅读，整个过程极少有发生音读现象。

以阅读速度的快慢为标准

若以阅读时的速度快慢为标准的话，一般可以分为速读和慢读两大类。以比平常阅读速度快三倍以上的速度进行阅读的我们称为"速读"，"线式阅读、面式阅读、图式阅读"以整体感知为特点的阅读都可以叫作"速读"。速读的阅读速度一般比慢读快三到十倍左右。慢读一般是指阅读速度在每分钟一百字到三百字之间的阅读，以速度较慢为特点的阅读类型还有听读、朗读、默读等多种，我们在中小学教育中常见。

以阅读效率的高低为标准

若以阅读理解效率的高低为标准的话，一般的阅读可分为精读、速读、略读和泛读四类。精读是读者对掌握阅读物要求最高的一种，这类阅读一般是用于工作、学习和考试复习中需要精确理解和记忆方面；速读则是需要从全文的从头到尾的阅读中获取有用信息的一种快速阅读方法，此种阅读的理解记忆精确度稍次于精读；而略读则重于选择重点和要点式的概要式阅读；泛读则是目的性不强的泛泛而读。

以阅读的功能与作用为标准

若以阅读的目的性和功能作用为标准的话，一般阅读也可分为多种。在国外，如日本、奥地利、美国等国家阅读专家研究后认为，可根据读者的动机不同，也可依据读物的性质不同，阅读大致可分为理解性阅读、记忆性阅读、评价性阅读、创造性阅读、探测性阅读和消遣性阅读等多种。由于阅读以个人为主体的多元性、复杂性和特殊性的特征，无论从哪个角度进行分类都具有其合理的成分和存在的依据，在阅读学的研究中同样发挥出其重要的作用，但由于分类的单一及细化，同时也不可避免地存在误区和盲点。

7. 提高阅读速率的方法

如何科学阅读是学生阅读科学故事中必须解决的问题。很多学生阅读时只是抱着书本一遍一遍地反复阅读，到使用时仍然发现有太多的知识自己没有注意到，或是似曾相见却又似是而非。这是典型的阅读时没有做到科学阅读的问题，而不像许多人设想的那样是学生记忆力不好。

科学阅读的一个基本原则是，阅读不能简单机械地重复，而必须带着良好的理解来阅读。阅读的效果取决于理解，而不是阅读的次数。

阅读的另一个问题是效率。有人阅读很快，但不得要领、收效甚微。阅读速度与效果之间的合理匹配决定于阅读的目的。如果阅读是为了理解某些概念或获得某些重要知识，那就需要选择慢节奏的精读、研读。对应于这一目标，注意力的投入需要较多的偏向理解及相关的思维过程。简单的反复阅读是不能达到目的的。如果阅读是为了获得一般性的信息，则可以提高阅读速度，并将注意力更多地投入到阅读本身的信息加工之上。当阅读的目的变为查阅某一特定的资料或信息时，阅读速度还可以大大加快。此时的阅读的注意力可以只集中于将要出现的特定信息，而对其他信息只需保持一个较低的辨识水平。

总之，开始阅读之前，一定要先有一个明确的目标。阅读目标的确定可以通过给自己提出问题来实现。如阅读前可以明确写出这次阅读的目的。将阅读同已经拟定的结构化知识框架结合到一起，是一个很好的确定阅读目标的方法。如果阅读前对问题（如某一概念或术语是什么意思、这篇文章的作者想揭示什么样的主题思想等等）有明确的概念，则阅读的目的定向和阅读速度的分配就不再是问题。

很多学生的阅读速度慢不是因为缺乏阅读目标，而是来源于不良的阅读习惯。常见的不良阅读习惯有出声阅读和指划阅读。人的说话速度远比阅读速度慢。如果出声阅读，潜在的阅读速度就不能得到发挥。遇到这种不足时，可以在阅读时嘴里咬块口香糖或咬住一支铅笔（临时性措施，不能又养成其他不良习惯）来防止出声阅读。

指划阅读指阅读时用手指、铅笔或尺子指在要读的字行下面，随指划物的移动慢慢阅读的不良习惯。这种阅读使阅读者将注意力集中到了不断变换的字词上，而不能注意和思考文章中更为重要的概念或主题思想。因此，这种阅读不仅速度很慢，而且效果很差。正确的阅读方法应当是在保持头部不动的前提下，尽量扩大眼睛的视线覆盖范围，用眼睛来扫描阅读内容，并在阅读的过程中保持对重要信息的敏感性和对阅读内容的理解。

其他对节省学习时间和提高学习效率有助益的学习方法还有很多，如联想式记忆法、根据记忆规律进行练习的方法等。每个人在自己潜心学习的过程中，还可以发现许多适合于自己提高学习效率的独特方法。掌握科学的学习方法，是高考应试提高成功可能性的必经之途，也是考生现实的学习任务之一。

卡扎·罗姆布是匈牙利著名的女翻译家。她小时候外语学得并不好，上初中时虽然很用功，但德语成绩总是落在同班同学的后面。到了高中，她曾被人认为是个在语言方面不可造就的人。所以，上大学时，她学了理科。一个偶然的机会，一些美妙悦耳的谚语使她迷恋上了语言学习。

她每学一门外语，开始先搞一本较全的词典。她先把词典当作教科书，利用它来学习读音规则。

除了词典外，她还要买来所学语言的课本，一课一课地往下学，并认真地做课后所有的练习题。她总是在练习本里留下许多空地方，以便在错误的或不够正确的词句旁边记上五、六个正确的例子，这种做法大大有利于掌握所学的词汇和句型。

罗姆布 25 年学习了 16 种语言，其中 10 种达到能说的程度，另外 6 种达到能翻译专业书刊、阅读和欣赏文学作品的程度。她将自己学外语的成功心得归纳为下列 10 点：

（1）学习外语一天也不能中断，哪怕每天挤出 10 分钟也好。早晨是学外语的大好时光，尤应充分利用。

（2）如果学厌了，不必勉强继续，也不要放下不学，可以变换一下其他的学习方法和形式，如改听录音、看外语电视节目等。

（3）绝不要脱离上下文孤立地死记硬背。

（4）应随时记下并背熟常用的"句套子"，并多多练习套用。

（5）尽可能"心译"你接触的东西，如一闪而过的广告，偶尔听到的话语。这是一种休息方式，也是一种训练方式。

（6）不要反复去看那些未经教师修改过的练习，只有那些肯定是正确的东西才值得去牢记。

（7）抄录和记忆"句套子"和惯用语时，要用单数第一人称。在应用时则能根据不同时态而发挥出去。

（8）外语好比碉堡，必须同时从四面八方向它围攻。如：读报纸，听广播，看外语电影、电视，听外语讲座，读外语读物等。

（9）要敢于用外语说话，不要怕出错误。当别人帮你纠正错误时，不要难为情，更不要泄气。

（10）要坚信自己一定能达到目的，坚信自己有坚强的毅力和语言方面的才能。

8. 学生快速阅读技巧

学生阅读科学故事的技巧主要有以下几个方面：

改变逐字阅读的习惯

逐字阅读的习惯严重降低了阅读速度。若采用整体认知的方式阅读，既可加快阅读速度，又不影响对文章内容的理解深度。所谓整体认知，就是指在一瞬间辨认一个短语甚至一个句子，整体地理解它的意思。养成整体认知的习惯，可以大大提高阅读的速度。

改变回读的习惯

很多人有一种不良的阅读习惯，常常为了一个字或词，甚至一个标点没有看清楚或不理解而回头重读，即"回读"。造成回读的原因是多方面的，既有为看的次数不够而怕影响理解的担心，又有为看得太快而怕看不清楚的顾虑。只要在阅读时做到全身心投入，进入一种专注状态，就能克服回读现象。

改变音读的习惯

人们普遍采用的阅读形式有两种：朗读和默读。实验证明，朗读每分钟最快不超过 300 字，而默读每分钟一般可达到 800 字。看来发音是直接影响人们提高阅读效率的一个重要因素。要提高阅读效率，就要彻底革除音读。如果我们在阅读时能够彻底突破音读，变"读"为"看"，那么我们的阅读速度最高可以达到每分钟 2000 字左右。

9. 让学生在阅读中成长

科学是一种比较深奥的东西，故事则是儿童喜闻乐见的一种文体。将科学与故事融合在一起，有助于孩子的理解，提高学生学习科学的积极性。例如，许多作家写的科普读物就完全是把科学融入到故事之中。比如有一篇名叫《我是一根胡萝卜》的故事，同学们学习后就会知道，胡萝卜生吃的话，很多营养就流失了，但是若将胡萝卜做成胡萝卜蛋糕、胡萝卜泥等食品，不仅味道可口，还能保持其营养价值不被丢失。

另外，真正的阅读是动脑、动手、动心。比如说上面讲到的《我是一根胡萝卜》，既是一个非常可爱的童话故事，也是一个非常好的科普剧。在一个家庭中，爸爸可以扮演当厨师，妈妈可以扮演胡萝卜仙子，学生可以扮演胡萝卜，他们也可以更换，还可以找道具，胡萝卜的样子到底是什么样的，也可以让孩子进行绘画，甚至还可以家里成立一个小电视台，可以用一个录像机录下来，让孩子自己看，让他做小主持人，这样就能提高学生的阅读兴趣。千万不要把阅读当作只是坐在桌子旁边板着个脸去认字的过程。不是这样的，阅读是一个游戏，一个语言的游戏，一个生活百宝箱的游戏。

阅读是一个动手、动脑、动心的过程，并且它一定是一个让学生感觉到快乐、自信的工程。它就像小河流水，需慢慢流到学生的心里，如果教师和家长做到这样一个平和的心态，让学生通过故事来学习科学知识，体会其中的"真、善、美"，那么在阅读这个过程当中，学生就会变得越来越可爱、越来越聪明，这就是阅读的真正目的。

第二章

学生科普阅读故事

1. 鲁班受草叶启发发明木工锯

鲁班是我国古代优秀的工匠和发明家。有一次，鲁班被召进王宫，国王对他说："给你三年建造一座豪华的宫殿。"鲁班一听，心头一惊："三年的时间，连砍木头都来不及，怎么能造宫殿呢？"但是，国王的话就是圣旨，鲁班只好应承下来。

那时候，伐木砍树使用的都是斧头。鲁班和徒弟开始伐木，一天，刚下过雨的山上，坡陡路滑，鲁班不小心身体一滑，便急忙抓住身边野草，这时只觉得一阵刺痛，手被野草划开了一道口子，鲜血直流。

他仔细观察发现野草叶子两边长着锋利的小齿。他从中得到启发，请来铁匠仿照野草打了一块带齿的长铁片，在一颗大树上来回拉了起来，一下子把大树锯倒了。就这样，鲁班发明了锯。

2. 秦越人从小伙计苦学医术变神医

秦越人约生于公元前5～4世纪，是春秋战国时期的著名医学家，世称"扁鹊"。河北任丘人，一说为山东长清人。

秦越人出生在一个勤劳善良的农民家庭，从小天资聪慧，不满周岁就能呀呀学语，五六岁时能把听过的叙述出来，八九岁开始读私塾，诗书过目不忘。放学回来，常常帮助父母做些家务活，深得父母的喜爱。

秦越人虽然年幼，但却同情受苦受难的穷人。他每见到差役欺诈百姓，就愤愤不平。有一次，一伙官兵搜刮民财的时候，遭到一位老婆婆儿子的阻止。老婆婆的儿子被抓走了，还把老婆婆打得头破血流，推倒在地。正巧小越人下学路过这里，见状紧紧握着小拳头，恨自己力气小，不能抵御官兵，就急忙跑回家中，端了一碗白开水送给老人喝。

"老奶奶，请喝口水吧。你的儿子会放出来的。"小越人安慰说。

"孩子，谢谢你。这些官差依仗官府，欺压百姓，横行乡里，穷人没有活路啊！"老婆婆叹息着。

围观的人都夸小越人是个懂事的好孩子。所以认识他的人，都很喜欢他。

由于连年战争，老百姓的苛捐杂税越来越多，秦家的生活也陷入了困境。秦越人不能再上学了，父母含泪把十一二岁的他送到城内一家客店当了小伙计。

当时，民间有位医术高明的老医生，名叫长桑君，他常在郑州一带走乡串村为人治病，每到城里就住在小越人所在的客店里。小越人和他慢慢地混熟了。每次长桑君一来，他都热情接待，并给他打水、扫地，把床铺叠得整整齐齐，长桑君很感激他，也很喜欢这个孩子。

长桑君一住下，房间里就堆满了各种各样的给人治病的药材，病人一走，他就分类、整理。晚上，还把在民间搜集的偏方，一条条地写下来，进行研究，又制成药丸，终日忙忙碌碌。

小越人见长桑君每天摆弄这些草药，感到很神秘。他想，怎么这些草合到一起就能治病呢？他很纳闷，总是来观看。长桑君有时也拿些药草解释给小越人听。小越人都迷住了，常常忘了回家吃饭。

时间长了，长桑君见他聪颖勤快、才智过人，又对草药治病很感兴趣，就给他讲诊病的原理、病情的症状等一些医学上的问题。秦越人听了，都一一铭记在心中。

小越人耳濡目染，逐渐懂得了一些治病救人的知识，就更加热爱这个事业。客店的事一做完，他就到长桑君住的房间看他如何诊脉、下药、开方。有时候长桑君诊完了脉，小越人也摸摸病人的手腕。长桑君见秦越人非常热爱这个事业，经常给他讲一些医理，并给他一些书看。小越人的医学知识越来越丰富了。

十年后，小越人已经长成一个大小伙子了。长桑君被秦越人学习不倦、肯求深钻的好学精神所感动，就把他收为徒弟，并把自己毕生的医疗经验和心得传授给他。

后来，秦越人成了战国时期一位著名的医生。他精通内、外、妇、儿、五官等科，尤其对脉诊和针灸有更深的研究。他遍游诸国，被他治好的疑难病症甚多，当时被人们称为"神医"。他死后留下《难经》一部，对后世医学产生了重要的影响。

3. 汉武帝炼丹发明火药

你们知道吗？火药的发明，是由炼丹而来的。

早在西汉时期，汉武帝为了长生不老，经常找来大臣，为他出谋划策。有个大臣建议说："陛下，我听说有一种仙丹，吃了就能长命百岁。"汉武帝一听，高兴极了，连忙下令全国的巫师为他炼丹。可是，在炼丹过程中常常出现差错，引起一次又一次的爆炸事故，有时甚至还炸伤很多人。原来，仙丹主要是用硫磺、硝石、朱砂混合，再加上蜂蜜来燃烧炼制的，其中，还含有毒性很强的水银。因此在炼丹过程中，如果稍不注意，就会引起爆炸。

但是，这些巫师们为了博得皇帝的欢心，仍然不停地在炼制仙丹。一天傍晚，有个巫师因疲劳过度，就靠在炼丹炉旁睡着了，还做了很多噩梦。当他惊醒后，发现丹房起了大火，禁不住大叫一声："不好，发生了火药事故！"于是，"火药"一词便传开了。

后来，火药引起了军事家浓厚的兴趣，他们进行了深入的研究，将硝石、硫磺和木炭按一定比例配制成了世界上最早的火药。

4. 张仲景 10 岁立志学医

张仲景（142—212）东汉时期医学家，出生于南阳郡涅阳镇（现河南省南阳县），为总结中国第二世纪前医学编写经典医书《伤寒杂病论》，被后人尊称为"医圣"。

东汉和平元年，张仲景出生于南阳郡涅阳镇（现在河南省南阳县）。张仲景小的时候学习非常认真，他总是按时到学堂去上学，从不耽误。

一天，雷鸣电闪，大雨倾盆，到了上学的时候风雨仍然不减，爸爸和妈妈都说这么大的雨，不要去了。

可小仲景还是坚持戴着斗笠，顶着狂风暴雨到学堂上学，路上大风把他的斗笠不知吹向了何方，到了教室他的浑身上下都湿透了，变成了一只落汤鸡。其他同学都没有来，先生没想到这么大的雨，还有人来上课，十分感动，单独为他上了一节课。

小仲景背诵课文流畅，回答问题积极，字写得工整。同学们十分佩服他，先生也非常喜欢他。

小仲景喜欢读书，特别爱读有关医学方面的书。要能济世活人，就要有知识，要有能力，张仲景从小就明白这个道理。

他从史书上看到扁鹊给人治病的故事，扁鹊把救死扶伤，解救他人痛苦当做自己的责任和精神，深深地印在他的脑海里。

小仲景有个好朋友，常在一起玩。

一天，小伙伴得了一场大病，无钱医治，喝了巫师的神水，病情不但没有好转，而且很快就死去了。

小仲景伤心极了，他心想：要是我能医好他的病该多好啊！

从此，他发誓要学医，做一个能济世活人的良医。

通过这件事，小仲景学医的决心更坚定了。有一天，他悄悄来到同族长辈张伯祖家，张伯祖是当地的名医，他的医德高、医术好、颇受大家的尊敬。小仲景把想学医的理想告诉了伯父。

伯父听后说道："学医可不是好玩的事情哟，要记许许多多的药名，采集各种各样的药材，配制成千上万的药方，出诊更是辛苦，不论是风吹雨打，还是深更半夜，还要冒一定的风险，你难道不怕吗？"

"只要伯父肯收下我，什么苦我都不怕。"小仲景坚定地说。

"那好，只要你不怕吃苦，我就收下你这个徒弟。不过，我有个条件，我尽心教你，你可得认真地学哟，可不准半途而废哟！"伯父说。

张伯祖对还带着稚气但又充满灵气的小仲景打心眼儿喜欢。

从此，小仲景就跟着伯父走上了学医的道路。白天他坐在伯父身边，伯父给人看病，他就仔细地听，默默地记，到了晚上，他就把白天所听到的，所看到的，整理成笔记，还阅读了大量的医学书籍。

看见小仲景如此勤奋好学，张伯祖就决意将自己的所有行医本领教给他。

有一天，张伯祖写了"勤学古训，博采众方"的条幅送给侄儿并说：

"我们行医，必须学习黄帝、扁鹊等前辈的医德、医术、医方，用古人的经验来丰富我们，这就是'勤学古训'；常到民间去搜集各种良方，采集有效的药材，虚心向别人学习，这就是'博采众方'。只有这样，你才能技高一筹，独树一帜。"

小仲景听了这一席语重心长的话后说：

"侄儿一定牢记伯父的教诲，把这八个字作为自己行医的座右铭。"

小仲景回到家后，把这八个大字挂在自己的居室里，更加潜心学医了。

斗转星移，春来冬去。日子一天一天过去了。小仲景逐渐成长起来了。

有一天，两位壮年男子抬着一个老人前来看病。这位老人高烧持续不退，腹痛难忍，张伯祖诊断后说：

"病人大便秘结，热盛伤津，病已进入了肠胃，不通就要痛，必须给病人吃泻药，但病人身体如此虚弱，怎经得起呢?"说着转身用商量的口气问仲景。

仲景说："侄儿在民间学了一种方法，倒可以试试。"

伯父连声说："好! 快试试看。"

说着就让张仲景去兑药给病人医治。

张仲景把兑好的蜂蜜水从病人的肛门慢慢地灌进去。蜂蜜水缓缓地流进大肠，肠壁受到了强烈的刺激，渐渐地蠕动起来。

过了一会儿，病人忙说，想要大便。忙活了一阵子，老人终于平静下来了。

过了几天，老人的儿子前来感谢师徒二人，说他的父亲已经痊愈了。这就是张仲景最早发明的灌肠法。

通过这件事，张伯祖对自己的徒弟更是喜欢，常在人前人后夸奖自己的爱徒，他也试着让张仲景独立诊治病人，在他的精心栽培下，张仲景已初露头角。

张仲景通过自身的不断努力，经过不断摸索，总结经验，终于总结中国第二世纪前的医学成果而编写出经典医书《伤寒杂病论》，被后人尊称为"医圣"。

5. 华佗发明麻醉剂麻沸散

华佗是我国古代杰出的医学家。因为医术高明，能妙手回春，被人们誉为"神医"。

华佗是我国古代有名的神医。在他还是一个孩子的时候，他的妈妈就离开了人间。那一天，华妈妈正绣着花，突然就晕了过去，以后就一直卧床不起。华佗请了好几位医生来给她治病，可那些大夫一看到华妈妈的病状，都摇摇头走了。因为没有得到及时的治疗，华妈妈不久便去世了。华佗很爱妈妈，她的死令华佗非常伤心，趴在坟头上哭了很久很久……正是在这一天，华佗暗暗地下定了一个决心：自己将来长大后一定要做个本领高超的医生，救死扶伤，给天下所有的病人消除痛苦。

当时，在远处深山里有一座叫作"琼林寺"的庙宇，据说那里的长老医道十分高明。华佗安葬了妈妈之后，就决定到琼林寺去拜师学医。琼林寺离华陀住的村庄很远，当时的交通又十分不方便，他只能徒步走到那里去。一路上，他爬山越岭，涉水穿林。鞋底磨破了，就拔些茅草编成草鞋，穿上继续走；干粮吃完了，就采些野果子充充饥，勒紧裤带再赶路；走困了，走乏了，就大地作床天作被，在草丛里、旷野上躺一会儿……就这样，他走啊走的，终于来到了琼林寺。琼林寺里的长老看见华佗不辞辛苦、不畏艰险地来到这里学医，心里十分感动，觉得他是一个有志气、有抱负的孩子，便收他做了徒弟。

一开始，长老只让华佗干一些杂活：给病人烧水啦，送饭啦，洗衣服啦……但不管活儿有多累有多脏，华佗总是认认真真地去干，从来也不叫一声苦。但是，他也没有忘记自己到这里来的目的，所以，他在干杂活的同时，总是十分留心观看长老是怎样给病人看病配药的，然后反复寻思，反复揣摩，并一一记在心里。

终于有一天，长老对华佗说："孩子，你有志气，肯吃苦，又肯钻研，将来一定能成为一个好大夫。从今天起，我就正式开始教你治病的方法。"华佗听了这番话，心里别提有多高兴啦！他诚恳地对长老说："我一定不辜负您的期望，好好学医，做个好医生！"

长老赞许地点点头，把华佗领进了一间屋子。那间屋子里置放着好几个大书橱，书橱里整整齐齐地排列着各种各样的医书。长老拍了拍华佗的肩膀，指点着这些书橱，语重心长地说道："孩子，这可是一座大宝库呀！到了这里，你就得勤奋努力、一丝不苟地发掘宝藏，绝不可空手而归啊！"华佗连连点头说："师傅，我会记住您的话，我一定要认认真真地去读这些书！"从此以后，他一边刻苦读书，一边认真跟长老学医，医术一天天高了起来。

然而，天有不测风云，人有旦夕祸福。有一天晚上，华佗仍然像往常一样在昏暗的油灯下攻读医书，正读得兴味盎然的时候，他的一位师弟突然撞开门闯了进来，气喘吁吁地冲他喊道："师兄，不好啦！不好啦！师傅突然昏过去啦！这可怎么办呀！"

华佗闻言一愣，暗暗叫了一声"糟糕"，扔下书本，拔腿就往外跑去。

到了师傅房里，只见师傅直挺挺地躺在一张床上，他脸色苍白，双目紧闭，一动也不动。几个师兄弟在一旁忙得团团转，有的还急哭了。华佗的眼前突然出现了他妈妈当年病重时的情景，心里一急，匆忙跑上去拉着师傅的手连连喊道："师傅！师傅！您醒醒！"然而，师傅一点儿反应也没有。

这时，华佗深深地吸了一口气，平定了一下自己的情绪，小心地拉起师傅的手，开始为师傅诊脉。不一会儿，他的脸上露出了笑容，然后安慰师兄弟们说道："师傅的脉象平和有力，他没病，过一会儿就会好的。大伙儿放心吧!"

他刚说完,师傅从床上坐起来了,乐呵呵地说:"哈哈,我没病,只是想考考你们,看来,只有华伦考试及格了。"

华佗回到房里,看见桌上一堆纸灰,不由吓了一跳。原来刚才急急忙忙出去,没收拾好书,桌上的医书被油灯烧成了灰烬。

华佗没有声张,他悄悄地把这几本看过的医书背诵着默写出来。他花了许多时间,把被烧的书全补齐了,橱里的书没有受到损失。后来,华佗长大了,他到处行医,成了我国古代杰出的大医学家。

在东汉时期,华佗就能给病人做手术。但病人常因剧烈的疼痛,拳打脚踢,华佗只好把病人捆起来,可这样还是不行,病人一看见华佗手中的刀,就吓得大叫大闹。看到病人痛苦的样子,华佗很是心疼,但是又没有别的办法。一天,几个人抬着一个受伤的青年来求医。华佗一看,病人的腿摔断了,因疼痛已昏迷了,于是便立即给他动手术。

病人因伤势严重,华佗来不及像往常那样捆住病人,就开始了手术。开始,华陀怕病人乱动,叫护送的人使劲按住病人的四肢,可是病人毫无挣扎的意思,手术进行得十分顺利。华佗十分纳闷:"这是怎么回事呢?"他仔细观察,闻出一股酒味,顿时恍然大悟:人醉了就会失去知觉,当然也不知疼痛啊!如果制造这样一种药,手术前让病人吃下去,不就可以减轻痛苦吗?后来他搜集许多草药,配成各种药方并亲自尝试,经反复试验,终于发明了中药麻醉剂——麻沸散。从此人们再也不会因为开刀而疼痛了。

6. 张衡根据"浑天说"制成浑天仪

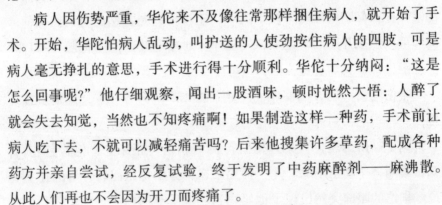

永初五年(公元 111 年),汉安帝下诏,让中央和地方大臣举荐一名有道德、有才能的人到京城里做官,当时任大司农的鲍德便举荐

了张衡。汉安帝对张衡的才学也早有所闻，于是"公车特征"，把张衡接到京城洛阳，拜为"郎中"。

因此官并不费力，故张衡在公事之余开始研究《太玄经》等天文学，探讨天地的结构。

天地究竟是怎样的呢？当时有两种解释，一是盖天说，一是浑天说。

盖天说是一种很古老的学说，认为天是圆的，地是方的，天就像一口大锅，把地扣在里面。后来为了合理地解释日月星辰的出没等天象，人们又把"天圆地方"说做了几次修正，制造出一套"七衡六间"令人难以捉摸的理论，但天盖在地上的基本认识并没有改变。

浑天说是一种新兴的学说，据说是西汉时期的天文学家落下闳提出来的。这种学说主张天包着地，天一半在地上，一半在地下。比如，晚上为什么看不见太阳？利用浑天说就能做出圆满的解释。但有时也会使浑天说陷入难堪的境地，如太阳和月亮是怎样转入地下的呢？浑天说就解释不通了。再加上盖天说比较符合人们的直观感觉，所以在浑、盖之争中，盖天说往往占上风。

张衡在前人研究的基础上详细研究了这两种学说，最后认为浑天说比较合理。他对浑天说加以修正发挥，使浑天说成了当时最圆满的一种天体结构学说。

汉安帝听说张衡在天文上有高深的造诣，便于元初二年（公元115 年），任命张衡为太史令。

张衡接任太史令以后，立即来到坐落在洛阳平昌门南的灵台（即为当时的天文台）。这座灵台是光武中元元年（公元56 年）建造的，高九丈，周围二十丈，占地达 4400 平方米，有 12 个门，上下两层平台，平台间有坡道相连，气势雄伟壮观。这里的总领导者是灵台丞，属太史令管辖。下面有候气的、候风的、候星的、候日的等 40 多人，机构庞大，分工细密。

很快，张衡就发现，灵台的建筑虽然雄伟，但观天象的仪器却很陈旧，年久失修，不堪应用。他决定重新修造，特别是浑天仪，这是形象地体现浑天学说的一种重要的天文仪器，更应该好好地加以修改研制。

"浑天仪"类似于现在的天球仪，用精铜铸成，主体是一个球体，代表天球。球体可以绕天轴转动。天轴和球面有两个交点，一个是北天极，一个是南天极，在球的表面上列有28星宿和其他恒星。

球面上还有天球赤道圈和黄道圈，二者成24°夹角，分列有24节气。球体外面有两圆环，一个是地平圈，一个是子午圈（通过南北天极和天顶的圆环）。天轴支架在子午圈上，和地平圈斜交成36°角，这也是浑天仪坐落处的洛阳地区的北极仰角及地理纬度。

历史上记载制造浑象最早的是西汉宣帝时的大司农中丞耿寿昌（公元前73～公元前49年），至于他造的浑象是什么样子，史书上没有留下任何记载。大概只是一个刻满星辰的大圆球，用人力转动圆球，就可以演示不同的天象。

张衡就在耿寿昌的基础上开始了辛勤地研究制造新的浑天仪的工作。他花了一年的时间，先做模型进行试验。模型是用竹子做的。他把竹子劈开，刮削成薄薄的竹蔑，在竹蔑上刻上度数，然后弯成圆环，用细针穿连起来，这样，一个简易的浑象模型就造成了。张衡把这个模型叫做"小浑"。他利用这个模型对照着天象，不断试验，不断调整模型的构造和竹蔑上的刻度，直到完全满意了，才叫人用精铜铸成正式仪器。

仪器制成了，为了使仪器自动运转，张衡叫人铸造了两把铜壶，壶底开孔，又巧妙地利用齿轮系统跟浑象联系起来。铜壶里注满水，水从壶底孔里流出，推动齿轮转动，转动的齿轮又带动浑象绕轴转动。

张衡前后花了一两年的时间，到公元 *117* 年（安帝元初四年），一架用水力推动，可以自行运转的浑天仪终于诞生了！

张衡的浑天仪惊动了京都的学者，他们纷纷来到太史令官邸，争先恐后地参观张衡的杰作。浑天仪在制造房里放着。一走进制造房，就会看到在房子正中有一个直径足有四尺多的大铜球，放在一个精制的架子上，钢球上铸着二十八宿中外星官，闪光耀眼。铜球外面还有几道铜圈，加上复杂的漏水转动装置，气势磅礴，令人赞叹不已。铜球在漏壶的推动下缓缓地转动着。

学者们对浑天仪这巧妙的构造很是惊奇，但对其是否能准确地演示天象表示怀疑。有一位学者问张衡："张太史，是否让它演示一下？"

张衡说："我正想请各位大人鉴定一下仪器是否精确呢！天黑以后，可以把门窗关严，让屋里的人看不到外边的星空。你们可以分成两组，一组在屋里看着仪器，不断向外面报告仪器上所表示的天象情况，一组在屋外观察星空，看是否和屋里仪器上的情况相符。"

学者们很高兴，按照张衡的部署很快安排妥当。

入夜，晴朗的夜空繁星点点。不一会儿，屋里的人报告说："月亮正在升起。"屋外的人也看到东南方向升起一弯明月。接着屋里的人又不断报告：某星已升起，某星已到中天，某星转入地下……皆与屋外人看到的实际天象相合。

试验完毕，屋内外的人一起把张衡围了起来，纷纷向他祝贺，称赞道："这真是巧夺天工的伟大发明啊！"

7. 郭守敬制订《授时历》

元朝的《授时历》是中国古代最优秀的历法，也是行用时间最长的历法。过去，蒙古一直使用的历法误差很大，连农业上常常使用的节气也算不准。元朝征服江南以后，南北历法不一样，更容易造成紊乱。于是，元世祖决定统一制订一个新历法。他下令成立了一个编订历法的机构，任命郭守敬主管编订历法的工作。

编订历法工作一开始，郭守敬就提出：研究历法先要重视观测，而观测必须依靠仪表。可是已有的一架观察天象的大型浑天仪，已经陈旧不堪，得不到可靠的数据，于是郭守敬重新设计了一套新的仪器。他觉得原来的浑天仪结构复杂，使用不方便，就创制了一种结构比较简单、刻度精密的简仪。他制作的仪器，精巧和准确程度都比旧的仪器高出很多。有了好的仪器，还要进行精确的实地观测。公元 1279 年，郭守敬在向元世祖报告的时候，提出建造一座新的司天台，同时在全国范围进行大规模的天文测量的建议。这个大胆的计划马上得到了元世祖的批准。

根据郭守敬的研究，朝廷在全国各地设立了 27 个观测点，选派了 14 个监候官员分别到各地进行观测。郭守敬也亲自带人到几个重要的观测点去观测。各地的观测点把得到的数据全部汇总到朝廷。郭守敬根据大量数据，花了两年的时间，编出了一部新的历法，叫《授时历》。这种新历法，比旧历法精确得多。它算出一年有 365.2425 天，同地球绕太阳一周的真实时间只相差 26 秒。这部历法同现在通行的公历一年的周期相同。而且郭守敬的《授时历》比欧洲人确立公历的时间要早 302 年。

另外，《授时历》中为了对太阳、月亮的不均匀运动进行改正，还创造了新的计算方法。

8. 蔡伦发明造纸术

你们知道我们用的纸张是怎样制成的吗？知道它的发明者是谁吗？告诉你们，是东汉时期的蔡伦发明了造纸术。蔡伦由于家境不好，15岁时被送到皇宫里做了太监。他很勤快、好学，得到了老太监的喜欢，所以一有空闲，老太监就教他读书、写字。

当时，人们都用竹简写字，但由于竹简表面不够平滑，墨迹很难沾上，每写一个字要反复上墨才行。蔡伦想："竹简这么笨重、粗糙，难道就没有别的材料可以写字吗？"一次，太后赏给蔡伦一匹帛，老太监告诉他，帛也可以写字，叫帛书，但由于帛的价钱太贵，老百姓是用不起的。有一天，蔡伦在学堂里看见学生们在一个沙盘上写字，便上前打听，才知道竹简数量很少，帛又太贵，学生们只好用沙盘写字。看到这种情况，蔡伦决心要制造一种既轻便、便宜又容易书写的材料。他潜心研究，经过反复试验，发现用旧麻、树皮、破渔网一起煮后，就成了纸浆，再经过拍打晾晒就成了可以写字用的纸，再后来，他从农妇"淘米"的方法中得到启发，用筐装纸浆放入水中，利用水的力量使纤维交织成形晒干后，纸就形成了。这样做出来的纸价格低廉而且表面平滑。

9. 毕昇发明活字印刷术

毕昇是北宋中期时候的人，他常到家附近的书坊去学习印刷术。有一天，毕昇正在刻一部书稿，发现有很多字在文章中经常出现，就想："如果刻出来的字可以拆开，再自由组合，不就方便多了吗？"

于是，毕昇立即动手，找出了 3000 个常见字，试着刻在小木板上，并按音序把字归成十几类，每一类都按部首画排出顺序。但经过实验后，发现木活字质地软，容易吸水变形，印刷时墨水多了字就变得模糊不清了。

怎样才能找到一种既不吸水，又能雕刻成字的材料做字呢？毕昇为寻找新的材料绞尽脑汁。一天，毕昇见人用瓦罐烧水，猛然想到：如果用泥坯刻字，再进窑烧，不就可以制成不吸水的泥活字吗？

于是，他搭起了一座小窑，又用胶泥制成许多半寸见方的"小土坯"，刻成5000多个字块，然后用窑烧制，两天后，一套不吸水、笔画清晰、坚如牛角的泥活字终于制成了。毕昇把活字版拼好，试印了300多张，每一张都清清楚楚，大家看了不禁拍手叫绝。活字印刷终于试验成功了！

10. 葛洪木炭作笔石为纸

葛洪是我国东晋时的医学家、化学家。一千七百多年前，出生在江苏句容。

葛洪的祖辈世代做吴国的大臣，到西晋消灭吴国后，葛洪的家境日渐衰落。

他十三岁时失去父亲，后来仅剩下的一点儿家产又在战乱兵火中烧毁。

年少的葛洪早早地就懂得了生活的艰辛，他与母亲相依为命，清贫度日。

葛洪小的时候，曾经随父亲读过一些书，也识得一些字。但自从父亲去世，家道中落，就再也没有钱供他买笔墨纸砚了。

家境好的孩子有笔有墨，可以坐在明亮的屋子中习字，可他却不能。

每当葛洪担着柴担从那些孩子家门前路过，他是多么渴望能有自己的笔墨，能写上几个字啊！然而，那只是心中的一个祈盼。

有一天，葛洪砍柴回家后，在灶间帮母亲烧柴做饭。饭熟火熄之后，他把灶膛里乌黑的木炭捡出来。他看看自己的手，也成了黑漆漆的了，按到干净的墙上，墙上便有了一个小墨手印。

"噢！太好了，有办法了。"

他高兴地拍着两只小黑手，跑到母亲跟前。母亲纳闷地看着他问："孩子，你这是高兴什么呀，什么有办法了?"葛洪走到灶膛边，拿起一块木炭，在母亲脚前的地上写道：

"我要写字。"

他站起身来，对母亲说："这就是好办法，我可以不花钱，不买笔墨就能写字了。"

从此以后，葛洪每次上山打柴都要带上些木炭，砍柴累了就往脚下的山岩上写，担柴回家就往路边的石头上写。

就这样，他的字愈写愈好，默写的文章愈来愈多。

随着时间的推移，父亲留下的那些书已经不够葛洪读了，于是他就向邻里借书。

邻里的书读完了，他又千方百计，向城里的亲朋们借。

人们经常看到一个年轻人，背着沉甸甸的书籍，往返在乡间城里的路上。

一个夏日的正午，葛洪刚从城里一个亲戚家借书回来，在路上碰到一个童年时的小伙伴。

那人是个官宦人家的子弟，他看着烈日炎炎下汗流浃背的葛洪，带着嘲讽的口吻说：

"葛洪老弟，读那些东西有什么用，又不能当饭吃，你看我这不读书的人不是比你过得好吗?"

葛洪对他微微一笑，回敬了他两句话：

"污水中的泥鳅，不知四海的宽广；腐草中的萤火虫，哪能看到日月的光华。"

葛洪回到家，不顾旅途劳累，先砍柴，再帮母亲干完所有的家务，最后再坐下来读书。

就这样日复一日，年复一年，他博览群书，博闻强识，又写得一手好文章。

葛洪当了几年中小官吏，后来官场不得意，他便潜心从事炼丹术和医学的研究。青少年时打下的扎实的文化功底，为他后来著书立说奠定了基础。

葛洪在化学、冶炼、药学方面都有建树。

葛洪从小喜欢读有关医学、保健和炼丹制药的书，还很留心民间流行的一些简便的治病方法。

他把在广大的农村搜集到的验方，结合自己的医药知识，写成了一本书，取名叫《时后备急方》。

这部书里的治病药方，都用的是容易得到的草药，又便宜，又方便，更重要的是灵验有效，深受老百姓的欢迎。

他还撰写了许多好文章、好书，其中有介绍冶炼和制药的《抱朴子》，介绍各种疾病治疗冶炼的《金匮医方》等。

11. 祖冲之 5 岁决心解开圆周之谜

公元 429 年，祖冲之出生在范阳（今河北涞水）。祖父祖昌是当朝的大匠卿，主管建筑工程，并且对天文历法及数学有一定的研究。

祖父经常给祖冲之讲一些科学家的故事，其中张衡发明地动仪的故事深深打动了祖冲之幼小的心灵。

祖冲之常随祖父去建筑工地，晚上，在那里他常同农村小孩们一起乘凉、玩耍。

天上星星闪烁，在祖冲之看来，这些星星很杂乱地散布着，而农村孩子们却能叫出星星的名称，如牛郎、织女以及北斗星等，此时，祖冲之觉得自己实在知道得很少。

祖冲之不喜欢读古书。5岁时，父亲教他学《论语》，两个月他也只能背诵十几句。气得父亲又打又骂。可是他喜欢数学和天文。

一天晚上，祖冲之躺在床上想白天老师说的"圆周是直径的3倍"这话似乎不对。

第二天早，他就拿了一段妈妈绱鞋子的绳子，跑到村头的路旁，等待过往的车辆。

一会儿，来了一辆马车，祖冲之叫住马车，对驾车的老人说："让我用绳子量量您的车轮，行吗？"老人点点头。

祖冲之用绳子把车轮量了一下，又把绳子折成同样大小的3段，再去量车轮的直径。量来量去，他总觉得车轮的直径没有1/3的圆周长。

祖冲之站在路旁，一连量了好几辆马车车轮的直径和周长，得出的结论是一样的。

这究竟是为什么？这个问题一直在他的脑海里萦绕。他决心要解开这个谜。

经过多年的努力学习，祖冲之研究了刘徽的"割圆术"。所谓"割圆术"就是在圆内画个正六边形，其边长正好等于半径，再分12边形，用勾股定理求出每边的长，然后再分24、48边形，一直分下去，所得多边形各边长之和就是圆的周长。

祖冲之非常佩服刘徽这个科学方法，但刘徽的圆周率只得到96边，得出3.14的结果后就没有再算下去，祖冲之决心按刘徽开创的路子继续走下去，一步一步地计算出 192 边形、384 边形……以求得更精确的结果。

当时，数字运算还没利用纸、笔和数码进行演算，而是通过纵横相间的罗列小竹棍，然后按类似珠算的方法进行计算。

祖冲之在房间地板上画了个直径为 1 丈的大圆，又在里边做了个正 6 边形，然后摆开他自己做的许多小木棍开始计算起来。

此时，祖冲之的儿子已 13 岁了，他也帮着父亲一起工作，两人废寝忘食地计算了十几天才算到 96 边，结果比刘徽的少0.000002丈。

儿子对父亲说："我们计算得很仔细，一定没错，可能是刘徽错了。"

祖冲之却摇摇头说："要推翻他一定要有科学根据。"

于是，父子俩又花了十几天的时间重新计算了一遍，证明刘徽是对的。

祖冲之为避免再出误差，以后每一步都至少重复计算两遍，直到结果完全相同才罢休。

祖冲之从 12288 边形，算到 24567 边形，两者相差仅0.0000001。祖冲之知道从理论上讲，还可以继续算下去，但实际上无法计算了，只好就此停止，从而得出圆周率必然大于 3.1415926，而小于 3.1415927。

很多朋友知道了祖冲之计算的成绩，纷纷登门向他求教。之后，祖冲之又进一步得出圆周率的密率是 355/113，约率是 22/7。直到 1000 多年后，德国数学家鄂图才得出相同的结果。

12. 沈括完成科学巨著《梦溪笔谈》

公元 1031 年，沈括出生在钱塘（今杭州）的一个官宦人家。父亲是个地方官，一直在外地任职。母亲识文断字是一位有文化教养的妇女，她担负着培育幼年儿子的任务。

沈括从小聪颖过人，酷爱读书而且勤奋刻苦，在母亲的指导下，他读遍家中的藏书，对各门学科都有浓厚的兴趣。

沈括少年时代随父亲走过许多地方。壮丽的山河，广阔的田野，一幅又一幅地在他的眼前展开，引发了他对大自然的热爱。波涛汹涌的钱塘江潮、敏捷灵活的四川鸬鹚、锋牙利爪的南海鳄鱼，在沈括的脑海里留下了深刻的印象。

随父旅行的少年时代不仅使沈括开阔了眼界，也使得他接触了社会，对劳动人民的生产和生活有所了解。

沈括虽然博学广游，但由于童年和少年时兴趣广泛，所以对各种学问都并不精通。

在靠文章求取功名的时代，自然科学并不被人们看重，像医学甚至属于低贱的行业，因此沈括并未能通过士人之途而崭露头角。

但沈括是官宦子弟，24 岁时，他因父荫而得官为沭阳主簿。这为他进一步增加阅历，扩充见闻，为取得科学技术第一手素材提供了好的条件，入仕后的沈括依旧勤学不止。

他在沭阳任职时，充分利用自己所学的地理知识，亲自考察绘制图画治理了沭水河，消除了水患，使百姓安居乐业，深受上司赏识。

1062 年，沈括中了进士第一名。几年后入京，在昭文馆编校书籍。

沈括在昭文馆利用时间和职务之便，阅读了大量馆藏书籍，尤其深入研究了与农业生产密切相关的天文学。

一个编校书籍的青年官员，在天文方面如此下苦工夫，不由得引起了人们的注意。

一天，昭文馆的馆长向沈括提出几个天文学的问题，如有关二十八宿、黄道经度、日月形状和日月食发生条件等，沈括根据自己的研究成果一一作了令人信服的回答。

丰富的天文学知识使沈括在进入昭文馆的当年，宋神宗就要他负责改造浑天仪。1072年，又指派他兼任提举司天监。司天监是中央政府掌管天文历法的机构。观测天象、推算历书是他们的主要工作。

可是，当时监内的情况很糟，懂得天文的专门人才奇缺，可供观测的科学仪器也很匮乏。

不学无术的主要官员整天无所事事，于是，沈括便推荐了平民天文数学家卫朴入监修历。并起用了一批士人，为他们分5科进行技术培训，学成后分配在监内工作。

沈括与卫朴互取所长，通力合作，终于修成了《奉天历》。《奉天历》虽然比旧历有许多进步，可在修历的过程中，遭到了守旧派的百般阻挠，实测工作受到很大影响，使新历的精密程度大打折扣。然而，沈括在晚年提出了更为先进的"十二气历"。

晚年的沈括定居润州（今江苏镇江）梦溪园，于是专心把一生对文学、艺术、历史、政治、天文、地理、数学、技术等诸方面的观察实践所积累的研究成果，归纳整理造册出书，并提出创造性的见解，最终完成了科学巨著《梦溪笔谈》。

《梦溪笔谈》不但在中国科学史上，而且在世界科学史上也有重要的地位，美国科学家李约瑟说沈括是"中国整部科学史中最卓越的人物"，《梦溪笔谈》被称为"中国科学史上的里程碑"。

13. 宋应星15岁脱衣换书

宋应星从小热爱科学，非常喜欢读关于生产实践和自然科学的书籍。

在他十五岁那年，听说宋代沈括的《梦溪笔谈》是一部价值很高的科学著作，于是他就渴望着能读一读。每见读书识字的亲友或邻居，他都急切地询问人家是否有这本书。

有一天，他听说镇上的文宝斋书铺刚购进一批新书，就急匆匆赶去买书；可是书架上摆的都是四书五经，没有《梦溪笔谈》。

店老板见这位少年在书架旁找来找去，心中暗暗纳闷：这么多经书他不买，这是要找什么？

店老板上前询问才得知他要买《梦溪笔谈》。店老板告诉他，现在人们都读四书五经，为的是考取功名，科学方面的书即使进货也没人买。宋应星只好沮丧地离开了文宝斋。

宋应星在往回走的路上，脑子中一直在想那本书，到哪去找？唉，找本书真难呀！他长叹一口气，无奈地摇着头。

他一边走，一边想，只听"哎哟"一声，撞到前面一个行人身上，再看地上，已经撒了许多米馃。

这时宋应星的心思从《梦溪笔谈》回到眼前，他连声道歉，急急忙忙地弯下腰帮那位行人捡米馃。

捡着捡着，眼前一亮，包米馃的废纸上竟有"梦溪笔谈"一行字！这真是踏破铁鞋无觅处，得来全不费工夫。他忙向那人询问米馃是从哪儿买的，好去寻找这本书。

宋应星一口气跑出好几里路，才气喘吁吁，满头大汗地追上了卖米馃的老汉，要出高价买老汉包米馃的废纸。

老人见他爱书心切，就掏出一本旧书给了他，原来是部残本的《梦溪笔谈》，书少了后半部。老汉告诉他这书是清早路过南村纸浆店时向店老板讨来的。

宋应星又一路跑着赶到纸浆店，可那半部书已经和别的旧书一起拆散泡入水池，正准备打成纸浆。

宋应星急得搓着手在水池边转来转去，心痛地望着水池里的书，眼泪都要掉下来了。他拉住店老板的手，急切地说：

"求求您，帮忙把《梦溪笔谈》那本书从水池中捞上来吧。"

说着，他摸出了身上所有的钱，摆在老板面前，又脱下衣服抵作酬金。

老板不解地说："孩子，这一池废书也不值这些钱啊！"

宋应星向老板讲述了自己找这本书的经过。老板被这种求学的精神深深感动了，赶忙让工匠下水池从散乱的湿纸堆中找齐了那半部书。

宋应星捧着湿淋淋的书回到了家，小心翼翼地一页页分开，晾干，装订好。他终于得到了梦寐以求的书！

宋应星从《梦溪笔谈》这部科学著作中学到了天文、数学、植物、化学等多方面的知识，为他以后编写《天工开物》一书奠定了坚实的基础。

14. 李时珍看松辨茯苓

公元 1518 年，李时珍出生于蕲州（今湖北省蕲春县）的医学世家李家。

李家几代从医，祖父是个走街串巷的游医，有丰富的治疗经验。父亲李言闻是当地有名的医生，对医药学颇有研究。

幼年的李时珍身体瘦弱多病，但经过父亲的精心调治，10 岁左右身体渐渐恢复，并越来越强壮。

李时珍经常跟随父亲和哥哥去附近山上采集草药，帮助父亲抄写药方，自幼就获得了许多药草知识，并深切体会到人们对医生和医药知识的迫切需要。

在科举制度盛行的明朝，一般殷实人家都让子弟读经书，作八股文，以便获取功名。

当时，医生的社会地位低下，常常被人看不起。李言闻也不希望儿子继承自己的医药事业。在父亲的教导下，李时珍 14 岁那年考取了秀才。

但李时珍并不热心功名，相反他特别喜欢医药学，常常背着父亲攻读医药书，幸好父亲还算通情达理，不再强迫他去走光宗耀祖的仕途道路，于是李时珍就一心一意研究起医药来。

1532 年，为了考察入药的植物，李时珍决定外出亲自采访药草。他与师弟庞宪同行，有时搭船，有时坐车，有时骑驴，有时徒步，到了一个城市或者一个比较大的村子，他们便住下来，寻访本地名医。

有一天，他们骑着驴，跑进一条山道，见两旁山谷里生满了松树，一个个身如鳞甲，叶似猪鬃，都是生长了几十年几百年的高大老松。他们边走边看，一会儿，李时珍开口说："庞宪，你瞧，这里的松树同刚才见到的不一样，都长得干巴皲裂的。"

庞宪抬头，见前面树林里，果然有几棵松树，叶子都已凋黄，随口答道：

"怕都是病松吧！"

李时珍摇摇头，说："这不是平常的病松，那树根下面的土为什么都是泡的，我猜那里面有茯苓，我们过去挖起来看看。"

说着，李时珍下了驴，庞宪也从驴背上跳下来，从驮袋里抽出一根小鹤嘴锄，跟着师兄走进了松林。

李时珍围着树走了两圈，看了看土色，选定了一块地方，指给庞宪看，庞宪就用锄头使劲地挖。

那赶驴的这时从后面赶来，见庞宪力气小，挖得不深，便接过锄头掘了下去。

他挖了一会儿，果然挖出一颗有番薯大的褐皮茯苓来。

庞宪高兴地说道:"书上说,多年松脂化为茯苓,就是这个吧!"

李时珍看到松林里很多松树都已凋败,便指着这些松树对庞宪说:"这里的茯苓都是人种的,你瞧这一片全是。这里一定有种茯苓的人家。"

他们赶到镇上,寻了一家旅店住下。李时珍便带着庞宪出去寻访。走进了第一家,才问了一句"你们这里的茯苓近来收成还好吗?"那个老人本来是笑脸相迎,可一听他的话便变了脸色,用目光上下打量一番,然后冷冷地说:

"那可不知道,我们早就不种这个了。"

李时珍一连问了几家,都是这个情形:大家见他打听茯苓,对他都没有什么好言好语。李时珍不知道是什么原因,只得回到旅店,他百思不得其解。

店家从赶驴人那里,知道李时珍是个出来采访药草的医生,见他在药农家里碰了钉子回来,便笑着说:

"你要问话,为什么不先说明你是干什么的,他们一定以为你是官府里派下来查茯苓的了。"

李时珍忙问什么原因,店家就一五一十地告诉他:

这两年,京里的皇帝和大官大府都兴吃茯苓,说是吃了可以延年益寿,却又不要小的要大的,让各地寻找。这里的官府要药农交大尺寸的,可是,大茯苓哪里随便会有?交不出,官府就几次三番地派人来催,弄得人心惶惶,不得安宁。

店家说到这里,笑道:"你赶上这个时候去问这个东西,谁还会回答你?现在我去替你说说,就没事了。"

经过店家说明,李时珍再去访问,果然,药农们对他便另是一番款待。李时珍要了解的事情,也都一一弄明白了。

李时珍用毕生的精力,走遍祖国大江南北遍尝百草,寻访名医,搜集民间药方，并作了大量研究，撰写了医学巨著《本草纲目》，最终成为明朝杰出的医学家。

15. 李时珍遍尝百草著成《本草纲目》

我国流传最早的药书是汉代的《神农草本经》，它总结了秦汉以前我国古人研究药物的成果，记载了 365 种药物。从那以后到明代的一千多年里，本草学有了很大的发展，人们掌握的可以治病的药物逐渐增多，分类也日趋严密。

如南朝时期的医学家陶弘景写了本《名医别录》，在《本草》原有基础上，补充了魏晋时期治病常用的药物 365 种。宋朝的刘翰、马志编著的《开宝本草》，掌禹锡、林亿编著的《嘉祐本草》，还增加了许多外国药物。其他如《图经本草》、《证类本草》、《救荒本草》、《食物本草》、《海药本草》等，都从不同方面有所增益。特别是四川名医唐慎微编著的《证类本草》，采古今单方，收入经、史、百家中有关药物多达 1558 种，是李时珍的《本草纲目》问世以前最完备的药书。

但各种《本草》版本都或多或少存在着谬误之处。《证类本草》上将虚掌、南星这两个同种异名的药草，当作两种不同的药物记载；陶弘景的《名医别录》中，将旋复花当作山姜；寇宗奭的《本草衍义》中，把卷丹和百合混为一谈。

从《证类本草》问世，到李时珍时代已经过了四百多年。在这四百多年中，药物知识有了很大发展，医生和民间都发现了许多新药；由于矿业生产的发展，还出现了许多矿物新药；同时，由于我国对外贸易和航海事业的发展，从国外传来许多新药，叫做"番药"，这些新药在一些杂书上有零星记载，但错误百出，需要审定。

有一次，李时珍在行医中就因此遇到一件棘手的事。他被一户人家请去诊病，病人亲属说，患者得了点小病，请了一位铃医来看，服药后反而病情加重，上吐下泻，头晕目眩，奄奄待毙。李时珍将那位铃医的处方看了一遍，觉得处方对症，君、臣、佐、使药搭配得当，怎么会有如此结果呢？他觉得十分蹊跷。

于是，李时珍叫病人亲属将药罐取来，倒出药渣，一味药一味药仔细查看。发现，原因是药铺将一味有毒的药物虎掌当作漏兰子卖给了病人。

病人亲属大怒，立即请李时珍一起到药铺兴师问罪。谁知道药铺老板拿出一部《本草》，振振有词地数落李时珍说："你看，《本草》上写得清清楚楚，虎掌就是漏兰子，你连《本草》都未仔细研究过，还配拿郎中架子来教训我？"

李时珍接过那本《本草》一看，书上果然明明白白写着虎掌就是漏兰子。李时珍只得告诉药铺老板，说《本草》的版本很多，有的版本也难免没有错误。但是药铺老板就是不肯承认。

李时珍想，由于《本草》的混乱造成药物的混乱，即使我们的药方开得再好，药抓错了，也会弄巧成拙，甚至成为杀人帮凶。看来，重修《本草》已经成了刻不容缓的事情，并把自己的想法告诉了父亲。

李言闻听了儿子的话，思考良久，方说："修《本草》这个动议很好，但是工程太浩大了。重新编一部新《本草》，不仅要把历代《本草》和诸子百家的书籍研究透彻，还要把全国出产的药物一一重新考察清楚，需要花很大的力气。历代《本草》地修订，大多是朝廷出面修的。有的人虽是以个人名义修《本草》，那也是因为这些人有钱有势，得到朝廷扶持。像我们这样的人家，历史上还从来没有人修成《本草》。"

　　李时珍听了父亲的话，更清楚了修《本草》的艰辛。他想：前人可以请求朝廷帮助修《本草》，我们也可以找机会上奏朝廷。即使朝廷不支持，我也仍然要重修"本草"，事在人为，谁也动摇不了我的决心。

　　此后，李时珍浪迹天涯采百药，效法神农尝百草，经历 27 个春秋，大半生的努力，集八百多部内集，采用纲目体系，收录两千种药物，三易其稿，始成《本草纲目》。

16. 徐霞客游遍天下写出地理学巨著

　　江苏省江阴县位于长江下游的南岸，是一个美丽富饶的地方，这里四季气候宜人，物产丰富，人杰地灵。公元 1586 年，我国明代著名的地理学家徐霞客就出生在这里。

　　徐霞客名弘祖，字振之，霞客是他的号。他的祖上几代均是读书人，可他父亲徐有勉却选择了另一条路，游历祖国的山川河流，是当地著名的隐居学者。

　　徐霞客从小受父亲的影响，对读四书五经、作八股文感到特别乏味，他梦想着有一天，能像父亲和那些古代旅行家一样，远走高飞，游历天下。

　　父亲房间有许多关于古代旅行家故事的书籍，徐霞客常悄悄地拿出来看，里面许多惊险、新奇的故事情节，令年幼的徐霞客着迷，他向往自己有一天也会经历那些惊险与新奇。

　　有一次，他竟将书带到学馆去看，先生在讲台上口若悬河，可他却在下面看得津津有味，先生发现后十分生气，对他说：

　　"徐弘祖，你在看什么，像你这样不好好学圣人经文，在上课的时候看这些无聊的闲书，有希望求取功名吗?"

徐霞客理直气壮地说："我长大后要做穆天子、司马迁、班固那样的人，游历天下。"先生对徐霞客的无礼感到十分气愤，向徐霞客的父亲陈述了徐霞客的无礼行为。父亲听后，没有打骂儿子，而是耐心地教导儿子说：

"孩子，你还小，需要在学馆里学习，等你掌握了一定的知识后，再去读其他的书籍，不是更好吗？"

徐霞客却固执地说："父亲，孩儿对四书五经一点兴趣都没有，那些书实在太死板了。"

父亲听后脸色越来越难看，平心而论，徐有勉更希望儿子走仕途之路，只有这条路，才能当官，才能光宗耀祖。可眼前的儿子却无心于功名利禄，这可真让徐有勉左右为难。

懂事的徐霞客看出父亲的心事，便对父亲说道：

"好吧，父亲，我以后会用功读书的。"

转眼，徐霞客到了考秀才的年龄，他的地理、历史知识越来越丰富，而且兴趣越来越浓，但对经文八股却越来越淡漠，迫于父母之命，他到县城应试。

考试前，徐霞客游览了君山，并登上了望江楼。望着滚滚东流的长江，他情不自禁地喊道：

"多么雄奇壮观的景象啊！"

身后一位老人问道："小伙子，你喜欢长江水？"

徐霞客连忙点点头。这位慈祥的老人给他讲了许多江岸景点的由来，他说："蟠龙山是武则天登基时黄龙在山顶蟠了三天而得名，凤凰山是一位石匠从崖岩中凿出了玉凤凰……"

老人的故事娓娓动听。徐霞客见老人知道这么多事情，忙问：

"老人家，听说长江水是从西蜀流出来的，是这样吗？"

"书上说它是从岷山西北发源的，可那地方实在太远，还没听说过有谁到过那里。"老人平静地回答。

岷山西北真是长江的发源地吗？源头的景象一定更加令人神往，要是我能到那里去亲眼看看该有多好！

徐霞客的心似乎已经飞向巍峨的山岭、奔流不息的江河，他暗暗下决心：

"总有一天，我要去长江的源头，我要游遍祖国的江河山川！"

考试结束了，徐霞客榜上无名。回到家里，虽然父亲仍然督促他继续读书，来年再考，可他对功名已没有兴趣了。

等父亲一出远门，他就到父亲的藏书楼，遨游在书海中，如饥似渴，孜孜不倦。

有一天，一位客人正和父亲谈游览太湖包山的经过，还说到了山上的林屋洞，客人便向父亲求教，道：

"徐先生，听说书上记载，林屋洞很长，可以通向四方，不知是哪四方？"

父亲紧锁双眉一时记不得了，这时徐霞客连忙对客人说道：

"大叔，你说的是《郡国志》吧？上面记载说，林屋洞东通王屋，西达峨嵋，南接罗浮，北连岱岳。"

父亲十分惊讶，想不到儿子对地理知识如此熟悉，简直是倒背如流。看来让儿子走仕途之路是白费心机了。

经过这件事后，徐有勉思量再三，把儿子叫到跟前，语重心长地说：

"弘祖，你已经长大了，看得出你的心思不在功名上，父亲也不再勉强你，不过你选择的是一条充满艰辛而又需要付出巨大代价的路啊！"

徐霞客听完父亲的话，像见到了雨过天晴的太阳，高兴地跳了起来，他信心十足地对父亲承诺道：

"爸爸，只要能游历天下，再苦再累，儿也心甘情愿。"

从此，徐霞客告别了四书五经，在父亲的指导下，刻苦钻研地理知识，这些知识为徐霞客游历祖国的山川河流打下了坚实的基础。

徐霞客一生从事地理考察，写下了大量的日记，后整理造册出书，这就是60万字的《徐霞客游记》，为我国的地理研究作出了不可磨灭的贡献。

17. 黄道婆改造三锭脚踏纺车

黄道婆出生在上海淞江乌泥泾一个农民家庭。从小到海南岛的崖州学习先进的棉纺织技术，并成了一个出色的纺织能手。

50岁时，黄道婆回到了家乡，看见妇女仍然用红肿的手剥棉籽，男人依旧用小竹弓弹棉花，而且织出的布很粗糙，于是决定把自己精湛的织造技术传授给乡亲们。她根据自己几十年来丰富的纺织经验，对家乡落后的纺织工具进行改造，把单锭手摇纺车改为三锭脚踏纺车，使纺纱效率一下子提高了两三倍。

18. 詹天佑12岁留美的故事

1861年，詹天佑出生在广东南海县的一个小乡村。父亲詹兴洪，祖籍安徽婺源县（今属江西省），出身儒商世家，很有才学，居广东经商茶叶。鸦片战争爆发后，茶行破产，迁居南海县务农。

詹天佑，字眷诚，是詹家的长子，他小时候就喜欢玩弄机件。

有一天，詹天佑忽然对家中的西洋闹钟产生了兴趣，他想，这东西为什么能滴答滴答走个不停呢？为什么一到点铃就响呢？趁家里人不在，他决定打开这个匣子，看看其中的奥秘。

于是，詹天佑把闹钟搬到地板上，用螺丝刀把零件一个一个拆开，并按顺序把它们整整齐齐地放在地板上。

他一边拆，一边想，这个零件有什么用处，那个零件是怎样装上去的。就这样，他一直把整座钟拆到不能拆为止。然后，又凭着自己的记忆把所有的零件装起来。

就这样一直忙到天黑，他居然把闹钟装好了。当然，他从此弄懂了闹钟的基本原理和结构。

1872 年，12 岁的詹天佑经过努力，以优异的成绩考取留美幼童班，到美国求学，寄宿在房东杰克家，杰克大叔又对他非常关照。

一天傍晚，几个同学在杰克的客厅里为一个花瓷瓶争论不休。

家庭条件优越的英国学生克莱恩固执地说："这么细的质地，这么漂亮的花纹，必定是英国制造的。"

"不对，这是中国制造的。"一位女同学说。

克莱恩虽然年龄小，却因受环境和家庭的影响，对中国抱有很深的偏见。他嚷道：

"中国这么贫穷落后的国家，根本制不出这样精美的瓷器，杀了我的头我也不信。"

同学们请詹天佑来鉴定。詹天佑面对克莱恩，半是嘲讽半是玩笑地说：

"你是该杀头了！"他拿起花瓶翻过来，指着瓶底说：

"这是中国明代的瓷器，烧制时间约在 17 世纪中叶，有款为证。"

同学争相传看花瓶瓶底的烧制时间，点头称是。

当花瓶传到克莱恩时，他不屑一顾地推开，武断地说：

"这是印度文。"

同学们哄堂大笑。詹天佑笑得前俯后仰，并大声说：

"克莱恩，你真伟大，能将中国汉字念成印度文吗？"

克莱恩有点恼羞成怒，讲话更尖刻了。他说：

"中国的男人抽大烟，女人裹小脚，比印度还落后。在我们英国，中国人和黑鬼一样，愚蠢、懒惰……"

詹天佑被克莱恩的话语激怒了，他捏紧拳头，在克莱恩的眼前晃了晃，生气地说：

"你——你敢再说！"

克莱恩仗着他人高体壮，骂不绝口：

"中国人懒惰、愚蠢！"

詹天佑忍无可忍，挥去一拳，克莱恩被这一拳打得踉踉跄跄，后退了几步。然后，两人纠缠在一起，在地毯上滚作一团。

从未见过这种场面的女同学被吓得躲在客厅一角。

这时，房东杰克大叔走了出来。刚才客厅的争吵他已经听见。老杰克拿起花瓶，不紧不慢地说：

"这个花瓶是 30 年前我从中国带回来的。中国是远东最古老的，也是最大的国家，她的人民勤劳勇敢。"

詹天佑听着杰克的话，脸上洋溢着自豪的笑容，他按捺不住内心的激动，朝老杰克连连鞠躬，不停地说：

"谢谢您，谢谢您！"

1881 年，詹天佑毕业于美国耶鲁大学雪菲尔理学院土木工程系，并获得学士学位。在 20 世纪初，他学成回国，并负责建造中国第一条铁路——京张铁路。

19. 李四光 15 岁留日的故事

1889 年，李四光出生在湖北省黄冈市回龙山镇，父亲是个教书先生，给他起的名字叫李仲揆。

李四光的家境贫寒，父亲教书挣的钱不能养活全家。李四光从小就很懂事，他一边在父亲教书的私塾（旧时家庭、宗族或教师自己设立的教学处所，一般只有一个老师，采用个别教学法，没有一定的教材和上限）念书，一边帮助妈妈干许多家务劳动——带弟妹、挑水、砍柴、舂米。

艰苦的环境，不仅培养了他勤奋、努力学习的好习惯，而且造就了他坚强不屈、刻苦奋斗的优良品质。

李四光 14 岁时，父母决定送他到武昌高等小学考试，李四光听到这个消息后，高兴地说：

"爸爸，我一定要参加考试，争取考上。"

父亲望着聪明伶俐的儿子，开心地笑了。

不久，李四光告别了父母兄妹，独自一人乘船去了武昌。他以优异的成绩被武昌高等小学录取了。

提起这次考学，还有一段有趣的小插曲呢。他在填写报名表时，由于疏忽，把年龄填在了姓名一栏里，又没有钱再买一张报名表，所以，他灵机一动，把"十"改成"李"，然后在四后面加上了一个"光"字，后来"李四光"也就成了他的学名。

李四光第一次走进学堂，觉得一切都是那么新鲜，课程表上有许多私塾里从来没学过的知识，如算术、历史、英语、地理、日语。来上课的老师都十分严肃，老师在课上常说：

"同学们，你们能来这里读书，是非常不容易的，希望大家勤奋学习，学得好的同学，省里还会派官费（即公费）出国留学。"

李四光非常珍惜这来之不易的学习机会，他对每一门功课都不放松，学得十分认真，而且每次考试都是第一名。

同学们特别佩服他，老师也非常喜欢这个勤奋好学的学生。1904年，他以优异的成绩被选派到日本留学。

在当时，能到外国高等学府去读书可是一件了不起的大事。

"李仲揆要到日本留学了！"

"这孩子小小年纪，还真有本事啊！"

李四光出国留学的消息不胫而走，全镇上下都知道有个孩子要出国留学了，都前来道喜，李四光儿时的伙伴们笑嘻嘻地说：

"仲揆，我们是从小在一起的朋友哟，你以后升官发财，可别把咱们给忘掉了！"

长辈们却语重心长地说："仲揆啊！你可是我们这个镇上的才子，出去一定要好好学习，大伙都盼着你的好消息呢！"长辈的话语深深地感动了李四光，他对大家说：

"请放心，你们的话我一定会记在心上的，我一定好好学习，为中国人争气！"

李四光就读于日本大阪高等工业学校，学习造船机械。无论严冬还是酷暑，他从不放松学习。

1910年，李四光回到祖国。作为热血青年的他，洋溢着对祖国深厚的感情和学成报国的决心。

可是，当时中国由于封建主义和帝国主义相互勾结，狼狈为奸，对帝国主义妥协退让，卑躬屈膝，科学根本无法运用到生产中去，中国人民生活在水深火热之中。本想振兴中华、大展宏图的李四光，此时心中十分苦闷。

经过反复考虑，他决定再次出国留学。这次他去了英国，先是学习采矿专业，然后又转到地质专业。他想，总有一天，他所学到的知识和本领能为祖国服务。

他在英国伯明翰大学苦读了六年，先后获得了学士学位和硕士学位，他的硕士毕业论文《中国之地质》得到他的导师包尔顿教授的高度赞赏。

学成归国后，他一直从事古生物学、冰川学以及地质学的研究和教学。解放后，他运用所学的地质力学在大陆找到了石油，破除了"中国贫油论"的说法。

20. 林巧稚刻苦学习终成妇产科专家

1901 年，林巧稚出生在风光秀丽的海滨城市，福建省厦门市的鼓浪屿。从小在海边长大的林巧稚，酷爱大海的气魄。

她喜欢大海的多变，刚才还是平静如镜的海面，瞬间会变成一匹脱缰的烈马，几尺高的浪涛会淹没岩石，冲向沙滩，发出雷鸣般的响声。

她也喜欢大海的多情，月明星稀，波浪像一个天真无邪的孩子，在沙滩上嬉戏，一会儿又悄悄回到大海母亲的怀抱。

大海陶冶了她宽广的胸怀、坚强的毅力、无私奉献的性格。

在当时的旧中国，女人很少出去工作，去上大学的更是凤毛麟角，女人的任务就是嫁人后生儿育女、孝敬公婆、服侍丈夫。林巧稚不向命运低头，她想做一个新时代的女性，经济上独立，事业上要有成就，决不依附男人过一辈子。

她把自己的想法告诉了家人："爸、妈、哥哥，我想去考协和医学院。"

"什么？那得要八年才毕业，这会耽误你的终身大事的！"母亲惊讶地说，"你不想嫁人了，真是的！"哥哥也十分反对。

"既然你已经决定了，就去试试吧！"还是爸爸支持女儿。

林巧稚独自乘着北上的轮船到上海去参加考试。考试那天，天气十分炎热，林巧稚正在认真地做着考题，突然，听到监考老师在叫她：

"林巧稚，你出来一下。"

原来，一位女考生中暑了，考场没有女老师，就叫林巧稚去护理一下。林巧稚熟练地护理着女考生，并给她家里打了电话。做完了这一切，她又回到自己的座位继续参加考试。

发榜那天，林巧稚看到自己以优异的成绩被录取时，高兴万分。后来她才知道，除了成绩优秀外，她帮助老师护理中暑考生表现出的沉静、有条理和负责任，使在场的老师十分欣赏，这是一个医生应该具备的基本素质。

1921 年，林巧稚终于如愿以偿地进入协和医学院学习。她一踏进学校，觉得一切都是那么新鲜，高大的楼房、汉白玉的栏杆、浓密的树荫，环境幽雅而宁静，"真是个学习的好地方！"她情不自禁地说。

协和医学院的制度非常严格，为了保证学生的质量，学生入学后，分为两个学习阶段，前 3 年是预科，后 5 年是本科，而且实行淘汰制，每年都可能因为考试不及格而被除名。

林巧稚入学后，心理压力非常大，她想，这下要得拼命学，不然被淘汰除名，要实现自己的理想就是不可能的事了。

期末考试就要到了，同学们都在进行着紧张的复习，休息的时候，一位男同学趾高气扬地对林巧稚嚷道："这次考试肯定很难，我看你们女生最多能考及格就不简单了。"语气分明是瞧不起女同学。

倔强的林巧稚被激怒了，"女同学怎么啦？男同学考 100 分，我们要得 110 分！"她理直气壮地反击道。话是这么说，做起来就不容易了，她给自己定了高标准，就意味着要比别人付出更多的代价做出更大的牺牲。她抓紧分分秒秒时间勤奋学习，结果，这次考试她果然得了第一。

从此，"要得 110 分"成了林巧稚学习的动力之一。学习是高度紧张的，在大学期间，林巧稚利用一切可以利用的时间，读书、整理笔记、做功课，像海绵吸水一样吸取各方面知识。

她坚信，优异的成绩永远属于不懈努力、顽强拼搏的人。

一次，生物老师发上次的考卷，卷子发完了，可没有林巧稚的，这可急坏了林巧稚，心怦怦直跳。她想：难道是我在考卷上别出心裁地画了几张图出了问题吗？

正在这时，老师拿出她的考卷笑着说：

"林巧稚同学的考卷答得十分出色，我把它留下做标准答案。大家看她的插图，很有新意，简直就是一个创造！"

说着，老师把林巧稚的考卷拿给同学们传阅，大家的目光一下子全部集中到林巧稚的考卷上，只见右上角写着"98"两个醒目的红字。老师接着说：

"希望大家向林巧稚学习，学生不仅要掌握老师讲授的知识，最重要的是将这些知识转化成自己的东西，培养一种创造性的思维方法，这样才能很好地把课本上学到的知识运用到实践中去。"

老师的表扬，使大家对林巧稚刮目相看了。连平时一些骄傲的男同学也目瞪口呆、无话可说了，因为他们知道，这位生物老师打分从来都是特别苛刻的，他能打98分，就像其他老师打110分一样，那可是破天荒的事情了。

3年的预料学习结束了，入学的25名学生，只剩下了19名，接着5年的本科学习，又淘汰了12名，而林巧稚就是这仅剩的7名毕业生中的一名。由于出色的表现和优异的成绩，使她在毕业典礼上获得了"文海"奖学金。这可是协和医学院对学生最高奖励，每年一次，每次只有考第一名的学生才能获此殊荣，而林巧稚是获得这个奖学金的第一名女生。

21. 竺可桢自幼勤思终成自然科学家

竺可桢（1890～1974），著名科学家，浙江绍兴人，中国近代气象事业创始人之一。

浙江省上虞县东关镇是我国著名科学家竺可桢的故乡，1890 年 3 月 7 日，竺可桢就出生在这里的一户普通人家。

自幼勤奋好学、善于思考的竺可桢，2 岁时就开始认字，7 岁时就能吟诗。

有一次，竺可桢随父亲上街，路过一家布店，父亲指着布店的牌匾问他：

"认识这些字吗？"

竺可桢摇摇头，说："不认识。"

"你知道这是什么店吗？"

"恒生布店，这里最有名。"竺可桢答道。

"对，牌匾上写的就是恒生布店。"

这一下，小竺可桢可来了兴趣。他每次随父亲上街，总是连问带猜，没多久，就把家乡东关镇街上的牌匾认遍了。

一个下雨天，竺可桢站在屋檐下躲雨，他饶有兴趣地数着屋檐上东下的雨滴，"1、2、3……"

他无意间低头，却突然发现，在每一个水滴的落地处，石板上便对应有一个小坑坑。

小竺可桢马上回去问妈妈："石板上的小坑坑是怎么回事？"

妈妈意味深长地对小儿子说："一个小水滴力量不大，但长年滴下去，就连石头也能砸出坑！这就是'水滴石穿'的道理。做事也是一样的道理，只要持之以恒，就一定能做成！"

竺可桢的妈妈是一个有心人，她非常注意保护儿子的好奇心。

她认为，一个小孩要是什么好奇心都没有，对什么事物都觉得平淡无奇，那么，长大后也不会有什么大出息，不可能有什么发明创造，也不可能做出什么大事来，到头来只不过是一庸人而已。

于是，她十分巧妙地回答了儿子提出的疑问。

妈妈这一席话，使幼小的竺可桢深受启发，深受教育。自此以后，竺可桢更加努力地读书，学习各方面知识，大大丰富了自己的头脑。

后来，他以优异的成绩考取了赴美留学生班。在国外，学业有成，获得博士学位以后，他又抱着"科学救国"的美好憧憬返回祖国，潜心从事气象科学研究。

为了取得第一手的研究素材，30 岁的竺可桢开始写物候日记，详细记载周围大自然事物随季节变化而产生的各种变化。

寒来暑往，冬去春来，竺可桢的物候日记越来越多。悠悠五十载，日记记了五十多年，积累了八百多万字的有关物候的珍贵资料。

1973 年，年过八旬的竺可桢发表了题为《中国古代近 5000 年来气候变迁的初步研究》的论文，否定了当时国际气象学界盛行的"气候不变"的形而上学观点。

他以丰富的科学资料，总结论述了中国历史各阶段的温度变化，证明了我国 5000 年来，气温不但一年中的不同季节有差异，而且年与年之间也不相同，这种变化呈现一定的周期性，有一定规律可循。不仅中国，这种气候变化具有世界性，当气候变冷时由东向西转移，当气候变热时由西向东行。

竺可桢的这一发现，在国内外气象学界引起了强烈轰动，博得了中外气象学者的高度评价。

由此，物候记载，这把金钥匙打开了气候变迁神秘的大门，人们开始科学地认识各种气候现象。从此，气象学进入了科学的轨道。

22. 谷超豪 14 岁立志当数学家

20 世纪 30 年代初期，中国正值东北三省被日寇占领、祖国面临危亡的时刻。此时，7 岁的谷超豪是温州市瓯江小学的一名学生。

每当老师给同学们讲述近代史上中国所遭受的耻辱时，谷超豪幼小的心灵就被深深刺痛，万分难受。他攥紧小拳头，下决心要为拯救祖国而发奋学习。

谷超豪对各门功课均有兴趣，而最有兴趣的还是算术。

文文雅雅的他，平时不大爱说话，除踢毽子外也不大喜爱运动。但只要说到算术，他就特别活跃，而且喜欢独立思考。

他在上高小时，算术课本里有许多四则应用题，有的还十分复杂，难度很高。当时也有升学指导这类的书，每种类型的题目都有公式可套。

谷超豪想，做题目死套公式，对自己没有什么帮助。他就从念初中的哥哥那里借来代数课本，从中寻求解题的方法。

一天，算术课上，老师出了一道题目：若每个童子分 4 只桃子，就多 1 只；若每个童子分 5 只桃子，就少 2 只。问一共有几个童子，几个桃子？

谷超豪第一个举手，迅速而又准确地说出了答案："共有 3 个童子，13 个桃子！"

老师十分惊诧他的数学才能，问："你是怎么算出来的？"

谷超豪腼腆地回答："我是用一元一次方程解出来的，是从哥哥那儿借来的代数课本里学来的。"

老师当场夸奖了谷超豪，并肯定了他的学习方法，叫其他同学向谷超豪学习，不要死记硬背，要灵活地应用知识。

从此，谷超豪选定数学作为自己的攻读目标！

在读初中二年级时，谷超豪就读的中学被日寇的飞机炸毁了，只得搬到距离温州有一天路程的青田县，那里的生活本来就很苦，更何况是战争年代。

学校建在穷山村里，每天以一小碟青菜下饭。饭只能充充饥，根本吃不饱。这时，谷超豪染上了疟疾，因缺医少药，1个月要发病二三次。

在这样困难的环境中，谷超豪在学习上尽量争取主动。他坚持不靠死记硬背，而是注意掌握每节课的基本知识内容，做到当堂的课当堂消化。

有一次，老师在课堂上提问："有一个图形，它的4条边都是1尺长，问它的面积是不是1平方尺？"

班上的同学们都认为是1平方尺，而且对结论深信不疑，只有谷超豪站起来，边打手势边说：

"它的面积可以是1平方尺，也可以小于1平方尺。如果把四条边压到几乎成为一条直线时，它的面积就接近于零了。"

因为谷超豪重视平时积累，所以一到考试的日子，别人都在"临时抱佛脚"，加班加点地复习，而他却胸有成竹，常常有空余的时间做其他事。

每当这种时候，他就会帮助学习成绩较差的同学解决难题。这样，他不仅帮助了同学，自己对书上的知识也有了更深地理解。每次考试结果，他的成绩都是优良。

在初中就读期间，谷超豪接受了哥哥和一批进步同学的思想，参加了温州中学的"五月"读书会。

他读了《大众哲学》、《论持久战》等革命书籍，仿佛在他心头点亮了一盏明灯，懂得了黑暗的旧社会必将灭亡，光明的新中国一定会到来。

少年谷超豪，*14* 岁时就加入了中国共产党，开始在白色恐怖的环境里做地下革命工作。此时，他仍不忘努力学好功课，希望用自己所学到的科学文化知识，为未来的新中国服务。

23. 华罗庚勤奋自学取得优异成绩

在江苏金坛县城的清河桥下，有一家小杂货铺，铺主华老强是个老实厚道的商贩。*1910* 年 *11* 月 *12* 日，华老强刚刚从外面收购蚕茧回来，接生婆便跑来道喜：

"恭喜你啊，喜得贵子!"并把白胖胖的儿子抱到他面前。

华老强乐呵呵地说："你这小家伙还真来了，你爸昨天晚上还梦着你呢!"

说着，接过儿子放进箩筐，又把另一个箩筐反扣在上面，自言自语地说：

"进箩避邪，同庚同岁，给你取个吉利的名字，就叫罗庚吧。"

装在这破烂不堪的箩筐里的孩子，就是驰名中外的数学家华罗庚。

转眼，华罗庚已是初中二年级的学生了。一天，数学老师跟同学们说：

"今天，我给大家出一道难题，看谁先解出来。"同学们都睁大眼睛，竖起耳朵。

"今有物不知其数，三三数之剩二，五五数之剩三，七七数之剩二，问物几何?"老师摇头晃脑地将难题念出。

"老师，这数是 *23*。"华罗庚马上站起来回答。

老师惊奇地问："你知道韩信点兵吗?"

"不知道。"华罗庚老实回答。

　　老师给大家解释说："这是我国古代数学的一个问题，外国教科书上把它命名为'中国剩余定理'也叫'孙子定理'。"同学们一个个听得入了神，老师讲完后，又把目光落在华罗庚的身上。

　　"华罗庚，你能跟大家讲讲，你是怎样算出来的吗？"

　　"一个数，除3余2，除7余2，那一定是21加2，21加2就等于23，刚好除5余3。"

　　听了华罗庚的解释，老师点了点头，用赞许的目光看着他。

　　"不错，分析得有道理，大家听懂了吗？"同学们都点头。

　　下课了，大家议论纷纷，"想不到罗庚还破了难题。"

　　"看他平时成绩也不怎么样吗！"

　　华罗庚沉默不语，只有他自己知道，为了学好每门功课，他会忘记吃饭、睡觉，那是付出了辛勤劳动的结果。

24.　茅以升11岁立志当桥梁专家

　　茅以升是在南京秦淮河边长大的。1907年端午节到了，秦淮河上热闹非凡，一艘艘披红挂绿、扎着龙头龙尾的龙船在水中疾驶。秦淮河的两岸和文德桥上挤满了看热闹的人，锣鼓声、鞭炮声和人们的欢笑声，响彻秦淮河两岸。

　　往年，茅以升会早早站在文德桥上，看这一年一度的热闹景象。可就在端午节的前一天晚上，11岁的他突然病了，而且病得很重，不能去看热闹了。他不得不呆在家里，只得把希望寄托在小伙伴的身上，热切地等待着他们快些回来讲讲赛龙舟的盛况。

　　妈妈看着焦急不安的儿子，走过来搂着他，笑盈盈地说："妈妈给你讲个故事，好吗？"茅以升笑了，他最喜欢听妈妈讲故事。

　　"两千年前，中国有七个小国家，为了争权夺利，他们互相残杀。

秦国和楚国是这七个小国家中实力最强大的两个国家，楚国有个大官叫屈原，他知道秦王野心勃勃，一直想灭掉楚国。于是，他就向楚国国王建议，联合齐国去攻打秦国。可楚国国王听信了坏人的话，不但没有采纳屈原的意见，反而罢免了他的官。楚国最后被秦国打败了，屈原悲愤万分，就在农历五月初五，跳进了湖南的汨罗江自杀了。后来，人们为了纪念屈原，就在每年五月初五家家户户包粽子，并把它投入江中，还赛龙船……"

茅以升听得正入神，突然，小伙伴们气喘吁吁来到茅以升的床前。

"不好了，文德桥出事了!"一个小伙伴慌慌张张地说。

"怎么啦? 是船翻了吗?"茅以升惊讶地问。

"不，是看赛龙船的人太多，把文德桥压塌了!"另一个小伙伴解释说，"幸亏你没去，不然也掉进河里去了。"

"文德桥怎么会塌呢?"茅以升皱着眉头说。

"不结实呗!"小伙伴异口同声吼。

"那一定有许多人掉进水中。"茅以升紧张地说。

"可多了! 你想，今年看赛龙船的人多，自然桥上的人也多，掉进河里会游泳的还好，不会游泳的人全被淹死了，岸上河里一片哭喊声，可吓人了!"一个小伙伴声音颤抖地描述着。

听到这里，茅以升眼里噙满了泪水，直愣愣地望着天花板，他的脑际不断闪现着文德桥倒塌的惨景。

"文德桥为什么会塌呢?"

"就不能造一座结实的桥，让它永远不会塌吗?"

此时此刻，他满脑子都是桥。"我长大一定要学造桥，为大家造最结实的桥!"茅以升十分激动地说。

"好啊，有志气!"妈妈称赞道。

从此，茅以升就与桥结下了不解之缘。大人带他出去，只要一看见桥，不管是石桥还是木桥，他总是在桥上桥下来回奔跑，来来回回地在桥上东瞧瞧西看看，好像看不够似的。他读古诗古文，只要有关于桥的句子或段落，他会认真把它摘抄在本子上。凡是有桥或关于桥的东西，他会像宝贝似的把它珍藏起来。

1911 年，15 岁的茅以升考上了唐山路矿学堂，学习桥梁专业。

在学校里，他努力学习每一门功课，由于他勤奋刻苦，数学、物理、化学，每次考试成绩都十分优异。在这期间，茅以升阅读大量书籍，从各方面了解桥梁建造在中国的悠久历史。

1916 年，茅以升以优异的成绩，跻身清华学堂留美官费研究生的行列。他远渡重洋来到美国著名的康奈尔大学学习。

茅以升在康奈尔大学仅用一年多的时间，就读完了硕士研究生的全部课程，以优异的成绩拿到了硕士学位。他的出众才华，博得了教授们的一致好评。茅以升的导师、著名的桥梁专家贾柯贝教授非常赏识他。

一天，贾柯贝教授问茅以升："学校希望你能留下，能谈谈你的打算吗?"

"我觉得搞桥梁必须到实践中去，因此我已经谢绝了留校。"茅以升对自己的导师如实地说。

"你的想法是正确的，搞桥梁的应该把理论和实践联系起来才行。"贾柯贝十分赞同弟子的观点，并推荐他到匹兹堡一家桥梁工厂学习。

匹兹保桥梁工厂在世界上享有盛誉，茅以升为能到这里实践感到特别高兴。在那里，他学习了制图、设计，还积极到装配工地、构件工厂去做工。

茅以升在这个工厂里，从实践中得到了锻炼并学到了不少经验，是书本上学不到的，掌握了建筑造桥的过硬本领。

他还利用业余时间，在匹兹堡加利基工夜校攻读博士学位。他夜以继日、孜孜不倦地学习，研究桥梁的"第二应力"，并运用自己的所学和经验撰写了博士论文，仅用了一年多时间，他就顺利地通过了博士学位答辩。年仅 24 岁的茅以升，成了加利基工学院第一个工学博士。

学成回国后，1933 年，他负责建造了杭州钱塘江大桥，成为我国著名的铁路桥梁专家。

25．李珩仰望星空的童年生活

在四川成都，一个商人常常往来于四川与上海等地，这就是我国著名天文学家李珩的父亲。1898 年，小李珩的出生为盼儿心切的父亲带来了希望。

当时的社会有句俗语："官商一家。"李珩的父亲对自己的一生从事经商颇为得意，他满心希望自己的儿子都能接他的班，继承他的事业。

李珩 5 岁那年，父亲精心挑选了一所私塾，将他送去读书。

这所私塾的老师是举人出身，既有名望，学问也颇有功底。当时还处于科举时代，李珩读的书不外乎是"四书五经"、"诸子百家"和"古文观止"一类。

进了私塾，李珩虽然捧着线装书整天哼哼呀呀，但奥妙无穷的星空却常常钻进他的脑子，画上无数问号。

天上为什么有那么多星星？星星为什么会发出亮光？白天为什么就看不见星星？难道母亲讲得牛郎星、织女星真是人变的吗？挑灯草的孩子受后母虐待多可怜啊，星星会不会移动……

每当繁星满天的时候，李珩便放下书本，仰望星空，思索这一个个问题。

有一次，他读到《史记》里的《天宫书》一节，简直高兴得不得了。啊！这篇文章里竟然有关于星星的记载。

可是读着读着，他又觉得记载单调而简单，提不起兴趣，远远没有母亲讲的神话故事那么生动。

李珩7岁时，常常穿着短裤、短衫，头上盘着一根小辫子，靠在年轻的母亲身边看星星，对繁星满天的夜空指指点点，接二连三地问一个又一个问题：

"妈妈，那几颗是什么星？"

"我不是讲过了吗？那是织女星，对面是牛郎星。'银烛秋光冷画屏，轻罗小扇扑流萤。天阶夜色凉如水，坐看牵牛织女星。'"

母亲兴致勃勃地吟了一首诗。

"我不是说牛郎织女星！"李珩纠正说。

"啊！你说的是挑灯草星。"

"啊呀！不是！"李珩急得直跺脚，"我说的是那几颗星星！"

母亲终于看明白了："噢！那是北斗星。"

"妈妈，什么叫北斗星？"李珩又问。

"晚上，你若是迷路了，辨不清方向，只要看到它，那你就能分清东南西北了。北斗星在天空的北面，由七颗星星组成，所以，人们又叫它北斗七星。"母亲耐心地解释着。

"1、2、3、4……"李珩用手指向天空，一颗一颗地数着，"妈妈，是7颗星！"

妈妈看着他认真地样子，又进一步地启发说："你再看看，把七颗星星连起来像什么？"

"唔，连起来……"李珩目不转睛地望着天空，忽然叫起来，"妈妈，像奶奶烫衣服的铁熨斗！"

"咯咯咯咯……"

母亲笑了，李珩也笑了。

李珩在私塾读书，就像小鸟被关在笼子里，没有自由飞翔的空间。读的书既单调又枯燥，还要作什么考科举的八股文。

有一次，他向父亲请求，让他进城上新学堂。父亲问他为什么，他说，学校里除了语文课，还有算术课和自然常识课。父亲一听火了，举起手就要打他。

父亲原本以为李珩文静老实，缺乏商人的气质，同他就像两个模子脱出来的，不可能接他的班，因此改变了让他当商人的主意，叫他攻读诗书，学习八股文章，参加科举考试，将来能够求取功名，成就一番事业。

可是李珩却对科举不感兴趣，还提出到洋学堂读书，他当然不高兴。因此，坚决不同意李珩的请求。

年幼的李珩怎么能违背父亲呢？就这样，尽管他心里不愿意，可仍然在私塾整整读了 10 年书。

长大后，李珩致力于天文学的研究，发表了很多天文学巨著，成为我国著名的天文学家。

26. 邓稼先隐姓埋名献身原子事业

邓稼先，1924 年 6 月 25 日出生于安徽省怀宁县一个书香门第之家，清朝誉为"四体皆精、国朝第一"书法家与篆刻家邓石如的第六世孙，祖父是清代著名书法家和篆刻家，父亲邓以蛰是我国著名的美学家和美术史家，曾担任清华大学、北京大学哲学教授。1925 年，母亲带他来到北京，与父亲生活在一起。他 5 岁入小学，在父亲指点下打下了很好的中西文化基础。

1935 年，他考入崇德中学，与比他高两班、且是清华大学院内邻居的杨振宁结为最好的朋友。

他从青少年时代就有了科技强国的夙愿，将个人的事业与民族的兴亡紧密相连。

邓稼先在校园中深受爱国救亡运动的影响，"七·七"事变后，全家滞留北京，他秘密参加抗日聚会。在父亲安排下，16 岁的邓稼先随大姐去了大后方，在四川江津读完高中，并于 1941 年考入西南联合大学物理系，受业于王竹溪、郑华炽等著名教授。抗日战争胜利时，他拿到了毕业证书，在昆明参加了中国共产党的外围组织"民青"，投身于争取民主、反对国民党独裁统治的斗争。翌年，他回到北平，受聘担任了北京大学物理系助教，并在学生运动中担任了北京大学教职工联合会主席。

抱着学更多的本领以建设新中国之志，他于 1947 年通过了赴美研究生考试，于翌年秋进入美国印第安纳州的普渡大学研究生院。由于他学习成绩突出，不足两年便读满学分，并通过博士论文答辩。此时他只有 26 岁，人称"娃娃博士"。这位取得学位刚 9 天的"娃娃博士"毅然放弃了在美国优越的生活和工作条件，回到了一穷二白的祖国。

1950 年 8 月，邓稼先在美国获得博士学位九天后，便谢绝了恩师和同校好友的挽留，毅然决定回国。同年 10 月，邓稼先来到中国科学院近代物理研究所任研究员。在北京外事部门的招待会上，有人问他带了什么回来。他说："带了几双眼下中国还不能生产的尼龙袜子送给父亲，还带了一脑袋关于原子核的知识。"此后的八年间，他进行了中国原子核理论的研究。1953 年，他与许鹿希结婚，许鹿希是五四运动重要学生领袖，是后来担任全国人大常委会副委员长的许德珩的长女。1956 年，邓稼先加入了中国共产党。

　　1958 年秋，正值菊花盛开的时节，二机部副部长钱三强找到邓稼先，笑着说："稼先，国家要放一个大炮仗，调你去做这项工作，怎么样？"

　　邓稼先一愣，接着立刻领悟到钱三强所说的大炮仗就是原子弹。他来不及细想地说："我能行吗？"

　　钱三强向邓稼先讲述了研制原子弹的任务和意义，邓稼先陷入沉思。

　　邓稼先明白，搞原子弹研制工作，必须从此隐姓埋名，这将会意味着无数个不能：不能发表学术论文，不能公开作报告，不能出国，不能随便和别人交往，不能说自己在什么地方，不能……

　　此时的邓稼先，还是一个年仅 34 岁的年轻人，生活对于他来说，应该是多姿多彩的。

　　但是，当邓稼先考虑到新中国需要原子弹来壮国威的时候，强烈的爱国激情使已过而立之年的他热血沸腾，他十分坚决地表示自己服从组织的调动。

　　这一天，邓稼先回家比平时晚了些。他进家门时，4 岁的女儿典典正和两岁的儿子平平玩耍，一切和平时一样，妻子许鹿希随口问了一句："今天怎么晚了？"

　　邓稼先只点了点头，没有回答。他草草吃过饭，沉默地坐了一会儿，就独自上了床。

　　这天晚上，邓稼先翻来覆去，怎么也睡不着。其实，此时的许鹿希也难以入眠。

　　许鹿希后来回忆说："当时他跟我说，他要调动工作，我问他调哪儿去，他说这不能说，做什么工作他也不能说。我说你给我一个信箱的号码，我跟你通信，他说这不行。反正当时弄得我很难过。"

　　从此，邓稼先名字在各种刊物和对外联络中消失，他只出现在设有严格警卫的深院里和大漠戈壁上。

邓稼先担任二机部第九研究所理论部主任后，立刻挑选一批大学生，准备有关俄文资料和原子弹模型。

1959年6月，苏联政府中止原有协议，党中央决心自己动手，搞出原子弹、氢弹和人造卫星。邓稼先担任了原子弹的理论设计负责人。

邓稼先部署同事分头研究计算，他自己也带头攻关。

在遇到一个苏联专家留下的核爆大气压的数字时，邓稼先在周光召的帮助下，经过无数次的反复研究和推理，以严谨的计算推翻原有的结论，解决了中国原子弹试验成败的关键性难题。

邓稼先不仅在秘密科研院所里费尽心血地工作着，他还经常到飞沙走石的戈壁试验场里进行试验。

茫茫戈壁滩上，穿着旧军大衣的邓稼先在风沙中勘测原子弹实验场。就这样，邓稼先冒着酷暑严寒，在试验场度过了整整10年的单身汉生活，他15次在现场领导核试验，掌握了大量的第一手材料。他虽长期担任核试验的领导工作，却本着对工作极端负责任的精神，在最关键、最危险的时候出现在第一线。

为了推进中国的原子弹事业的发展，邓稼先早已将个人生死置之度外。核武器插雷管、铀球加工等生死系于一发的险要时刻，邓稼先都站在操作人员身边，既加强了管理，又给作业者以极大的鼓励。

一次，在戈壁滩上，核弹点火后，却没有爆炸，众人面面相觑。

爆炸失败后，几个单位在推卸责任。为了找到真正的原因，必须有人到那颗原子弹被摔碎的地方去，找回一些重要的部件。

邓稼先说："谁也别去，我进去吧。你们去了也找不到，白受污染。我做的，我知道。"

邓稼先一个人走进那片地区，那片意味着死亡的危险之地。他很快找到了核弹头，用手捧着，走了出来。

经过检验，最后证明这次爆炸失败是因为降落伞的问题。

许鹿希是个医学教授，当她知道丈夫"抱"了摔裂的原子弹以后，心中焦急万分。

邓稼先回北京时，她强拉着他去检查。结果发现在他的小便中带有放射性物质，肝脏被损，骨髓里也侵入了放射物。

许鹿希面对检验报告，泪流满面。邓稼先安慰妻子以后，仍然坚持回导弹试验基地。

就是这一次，邓稼先的身体受到极大的伤害，埋下了他死于射线之下的死因。

1964 年 10 月，邓稼先签字确定了中国成功爆炸的第一颗原子弹的设计方案。

1964 年 10 月 16 日，在我国西部上空爆炸了一颗中国人自己研制的原子弹。全中国都沸腾了。

这时候，著名物理学家、钱三强的老师严济慈来到他的好友许德珩家。话题当然是谈原子弹。

许德珩悄声问："是谁有这么大本事，把原子弹搞出来了？"

"嘿，你还问我，问你的女婿呀！"严济慈笑个不停。

"我的女婿？邓稼先？"许德珩惊愕不已……

接下来，邓稼先又同于敏等人投入对氢弹的研究，终于制成氢弹，并于原子弹爆炸后的两年零八个月试验成功，创造了世界上最快的速度。

几年后，北京 301 医院，邓稼先因放射性影响，身患癌症，年仅 52 岁，就与世长辞。

邓稼先在病重期间，曾经拉着许鹿希的手，深情地向她描述原子弹爆炸的壮丽景象：奇异的闪光，比雷声大得多的响声翻滚过来，一股挡不住的烟柱笔直地升起……

接着，邓稼先十分激动地说："我不爱武器，我爱和平，但为了和平，我们需要武器。假如生命终结后可以再生，那么，我仍选择中国，选择核事业。"

27. 钱学森获得两弹一星功勋奖章

钱学森，1911 年 12 月出生于上海，祖籍浙江杭州。1923 年 9 月进入北京师范大学附属中学学习，1929 年 9 月考入交通大学机械工程系，1934 年 6 月考取清华大学公费留学生，次年 9 月进入美国麻省理工学院航空系学习，1936 年 9 月转入美国加州理工学院航空系，师从世界著名空气动力学教授冯·卡门，先后获航空工程硕士学位和航空、数学博士学位。1938 年 7 月至 1955 年 8 月，钱学森在美国从事空气动力学、固体力学和火箭、导弹等领域研究，并与导师共同完成高速空气动力学问题研究课题和建立"卡门—钱近似"公式，从而在 28 岁时就成为世界知名的空气动力学家。

1950 年，钱学森同志开始争取回归祖国，而当时美国海军次长金布尔声称："钱学森无论走到哪里，都抵得上 5 个师的兵力，我宁可把他击毙在美国，也不能让他离开。"钱学森同志由此受到美国政府迫害，遭到软禁，失去自由。

1955 年 10 月，经过周恩来总理在与美国外交谈判上的不断努力——甚至不惜释放 15 名在朝鲜战争中俘获的美军高级将领作为交换，钱学森同志终于冲破种种阻力回到了祖国。自 1958 年 4 月起，他长期担任火箭导弹和航天器研制的技术领导职务，为中国火箭和导弹技术的发展提出了极为重要的实施方案——对中国火箭、导弹和航天事业的发展作出了不可磨灭的巨大贡献。

1956 年初，钱学森向中共中央、国务院提出《建立我国国防航空工业的意见书》。同年，国务院、中央军委根据他的建议，成立了导弹、航空科学研究的领导机构——航空工业委员会，并任命他为委员。

1956年，钱学森受命组建中国第一个火箭、导弹研究所——国防部第五研究院并担任首任院长。他主持完成了"喷气和火箭技术的建立"规划，参与了近程导弹、中近程导弹和中国第一颗人造地球卫星的研制，直接领导了用中近程导弹运载原子弹"两弹结合"试验，参与制定了中国近程导弹运载原子弹"两弹结合"试验，参与制定了中国第一个星际航空的发展规划，发展建立了工程控制论和系统学等。

在控制科学领域，1954年，钱学森发表《工程控制论》这一学术著作，引起了控制领域的轰动，并形成了控制科学在上世纪50年代和60年代的研究高潮。1957年，《工程控制论》获得中国科学院自然科学奖一等奖。同年9月，国际自动控制联合会（IFAC）成立大会推举钱学森为第一届IFAC理事会常务理事。他也成为该组织第一届理事会中唯一的中国人。

1958年4月起，他长期担任火箭导弹和航天器研制的技术领导职务，对中国火箭导弹和航天事业的发展作出了重大贡献。

1959年10月，中国第一个导弹研究机构，即国防部第五研究院成立，著名物理学家钱学森担任院长。

第五研究院刚刚成立的时候，只有几间旧房子，条件十分简陋。

钱学森认为当务之急是培养新中国第一代导弹人才。他立刻组织有关专家一起讲课，让大家边学边干。

1960年10月，在钱学森的领导下，我国第一枚国产近程导弹制造成功，精确地击中90公里以外的目标。

这是我国导弹历史上的一次巨大成功。

在当天的庆祝会上，聂荣臻元帅激动地说："在祖国的地平线上，飞起了我国制造的第一枚导弹，这将是我国军事装备史上的一个重要转折点。"

不久，钱学森又参加了一个重要课题的论证。这个课题就是如何将导弹和原子弹结合起来，组成威力巨大的核武器。

为此，钱学森做了大量艰苦细致的调查研究工作。

1966 年 10 月 27 日凌晨，一枚乳白色的火箭载着原子弹从布丹林沙漠冉冉升起，平平稳稳地朝罗布泊核试验场飞去。

千里之外的核试验场很快传来喜讯：原子弹的弹头精确命中目标，准确实现核爆炸。

一朵绚丽的蘑菇云在一望无际的沙漠上腾空而起！

在发射现场，钱学森激动地流出喜悦的泪水。

张劲夫后来回忆说："钱学森是世界气体力学大师冯·卡门最好的学生……我国火箭喷气技术即导弹技术的发展计划，是钱学森先生首先提出来的。他是受到美国迫害，经过奋斗，于 1955 年回国的。科学院派人到深圳罗湖桥接他，请他到科学院工作。我们成立力学所，请他当所长，后来我是他的入党介绍人。钱学森参加'十二年科学规划'工作，担任综合组组长，作过一个很精彩的关于核聚变问题的学术报告，为科学规划的制定出了许多好主意，特别是他亲自起草和制定的关于火箭喷气技术，实际就是导弹技术的发展计划，我看了很受鼓舞。郭沫若院长看后更是诗兴大发，欣然挥毫，为钱学森题诗一首：大火无心天外流/望楼几见月当头/太平洋上风涛险/西子湖畔数风流/冲破藩篱归故国/参加规划献宏猷/从兹十二年间事/跨箭相期天际游。"

1980 年 5 月的一天，中国向南太平洋发射第一枚远程运载火箭。这个消息在美国引起轰动。

两天后，美国合众社向世界播发一篇专稿，题目就是《中国导弹之父——钱学森》。专稿说："主持研制中国洲际导弹的智囊人物是这样一个人：在许多年以前，他曾经是美国陆军上校，由于害怕他回中国，美国政府竟然把他扣留了 5 年之久。他的名字叫钱学森，今年 69 岁。在这个名字的背后，有着一段任何科幻小说或侦探小说的作者都无法想象出来的不同寻常的经历……正是因为有了钱学森，中国才在 1970 年成功地发射了第一颗人造卫星。现在，由他负责研究的火箭，正在使中国成为同苏、美一样能把核弹头发射到世界上任何一个地方的国家……"

钱学森曾经满怀深情地说："科学没有国界，可是，科学家有祖国。"

这就是伟大的科学家钱学森高尚的思想境界。

钱学森于 1959 年加入中国共产党，先后担任了中国科学院力学研究所所长、第七机械工业部副部长、国防科工委副主任、中国科技协会名誉主席、中国人民政治协商会议第六、七、八届全国委员会副主席、中国科学院数理化学部委员、中国宇航学会名誉理事长、中国人民解放军总装备部科技委高级顾问等重要职务，他还兼任中国自动化学会第一、二届理事长。1991 年 10 月，国务院、中央军委授予钱学森"国家杰出贡献科学家"荣誉称号和一级英雄模范奖章。

28. 陈景润听故事证明（1 + 2）

陈景润自幼喜欢数学，在老师的鼓励与帮助下对数学更加痴迷，从而与数学结下了不解之缘。

在进入福州英华书院念高中时，陈景润的班主任是现在中国航空学会理事长沈元先生。沈元老师学问渊博，在数学课堂讲了整数性质后，又绘声绘色地给大家讲了一段故事：

"200 年前，有一位名叫哥德巴赫的德国数学家，指出了一个数学现象：凡是大于2的偶数一定可以表示为两个素数之和。比如，4—2+2，6—3+3，8—3+5……这位数学家对许多偶数进行了确实的验证，却无法对之进行逻辑证明。

这个'猜想'的证明难倒了成千上万的数学家，连数学大师欧拉经多年计算，直到死也没有证明出来。于是，有位数学家认为这是现代人智力解决不了的一个问题……如果这个'猜想'得到证实，便可以大大丰富人们对整数之间关系的认识，把人们的逻辑思维能力大大提高一步。这是一颗数学皇冠上的明珠，你们能有志气把它摘到手吗？"

教室里爆发出一阵哄堂大笑。在笑声中，同学们态度迥异：有的冲动，有的木然，而陈景润却由此激起求知的欲望。千里之行始于足下，陈景润胸怀希望的种子，专心致志地学习功课，演算习题，决心打好基础，希望有一天能突破这道难关。

陈景润不仅能准确地完成老师布置的作业，而且愿意多做习题。有一次，老师布置了33道题，让同学们选做10道，而陈景润的作业本里，却工整地做好了33道题。他学习数理化不满足于学懂，还把概念、公式、定律一字不漏地记住，认为这样才有利于学会弄懂，运用自如，触类旁通。

陈景润还特意锻炼自己的记忆力。本来背大量英语单词已叫不少人头疼，但他还下苦工夫，把一本化学书背得滚瓜烂熟，受到老师和同学们的称赞。

陈景润经过孜孜不倦的努力，提前完成学业，调到北京中国科学院数学研究所工作。

经过10年的准备，陈景润向数学王冠上的明珠发起了冲击。

匈牙利数学家兰恩易、我国数学家潘承洞和王元先后证明了哥德巴赫猜想中的（1+6）、（1+5）、（1+4）之后，1965年又有三名外国数学家证明了（1+3），其后此项研究又告停顿。

陈景润多年来用筛法研究"圆内整点问题"、"球内整点问题"等的成功实践，使他相信可以用筛法解决哥德巴赫猜想问题，只是需要进行大量的繁琐计算。外国科学家证明（1+3）用的是大型的、高速的计算机。现在，陈景润证明（1+2），却全靠自己的计算。这行吗？陈景润就有这样一种拼劲，决心已定，要用毕生的精力去摘取这颗明珠。

为了实现自己的理想，陈景润的生活路线变为"两点一线"：宿舍和食堂。在他那间小小的宿舍里，桌面上、地板上、床铺上、木箱上，放满了他的计算稿纸。他运算用过的稿纸就更多了。他把这些稿纸小心翼翼地装进麻袋里，堆在床铺底下。

经过不懈的努力，陈景润终于登上了到达顶峰的必由之路，踏上了（1+2）的台阶，写出了200多页的论文。1966年5月，中国科学院的刊物《科学通报》第17期上宣布，我国数学家陈景润已经证明了（1+2）。陈景润，这颗难探的数学新星升起来了。

29. 袁隆平由野稻引发了家稻的产生

1962年3月，袁隆平带领四十多名学生，来到黔阳县硖州公社秀建大队，参加生产和劳动锻炼。他就住在生产队干部老向的家里。

当时，中国刚刚度过三年难熬的"饥饿岁月"。元气尚未恢复，人们仍然为一日三餐发愁。作为生产队的干部，老向整日为摆脱饥荒增加粮食生产而操心。

队里刚分过稻子，老向家里却一日三餐有两餐是喝稀粥。

"不是刚刚发了谷子吗？"袁隆平颇有点不解。

"不够吃啦！不从现在省起，明年的春荒怎么度过？"停了停，老向感叹地说："要是每亩田的产量能达到千八百斤，该有多好！"

沉默一会儿后，老向继续说道：

"前两年，我们真是饿怕了。山上的什么东西都寻来吃过了。土茯苓、葛蓉、树叶子……吃下去，拉不出，只好自己用手指抠。我们这个村里，硬是饿死了好多人。"

袁隆平听后，面前突然推过来一幕。那天中午，他出门办点事，刚刚走出校门，就见马路边围了一堆人。待走近一看，路边横躺着两具骨瘦如柴的尸体。这自然是饿死的。围观的人谁也没有吱声，都沉重地低着头，脸上挂满忧伤。

黄昏时分，袁隆平刚刚从地里劳动回来。天下着雨，他披着一件农家蓑衣，下面的裤腿还是打湿了。

雨中，老向扛着一个用塑料布包着严严实实的袋子，走了进来。

"回来了，谷种到了吗？"袁隆平知道，老向这一天，冒着大雨，翻山越岭到八门购谷种去了。

"到了，到了。"

老向虽然累得气喘吁吁，却是一脸的喜悦。接着，他放下袋子，伸手抓了一把谷子，送到袁隆平面前说："粒粒饱满，好种子。"

"他们那里的种子为什么这样好？"袁隆平问。

"他们是高坡向阳田，阳光充实。"

"唔。"袁隆平似乎明白了一点什么，点了点头。

"袁老师，施肥不如勤换种啦！种子对我们种田人来讲，太重要了！"

袁隆平的心在怦怦跳动。

"袁老师，"老向又说，"听说你们正在搞科学试验，要是你们能够研究出一种新稻种，用这种子栽田，每亩能打它800斤、1000斤、2000斤，那该多好啊！我们种一亩田，就能收两亩田、三亩田。我们就不会饿肚子了。"

"一亩田能产1000斤，2000斤？你可别发梦呓了！"老向的婆娘在一旁插嘴说。

"一千斤！两千斤！"袁隆平在心里重重地打了两个惊叹号。农民兄弟的声音，深深地刻在袁隆平的心里。他觉得，作为一个学农的知识分子，不充分运用自己的知识，为广大尚未摆脱饥饿威胁的农民兄弟办一两件实事，那是农学工作者的一种耻辱！

7月，一年中最炎热的季节。农校试验田里的禾苗已经抽穗扬花了。

这一天，下课铃声响过之后，袁隆平便信步来到试验田一行一行地观察着。突然，他缓缓移动的目光一下停住了，眼里显出特别的光亮。三步开外，只见一株禾苗长得特高特粗，四周的禾苗在它面前霎时黯然失色，大有"鹤立鸡群"之感。他惊呆了，喜呆了。

袁隆平轻轻地走过去，弯下身子，伸出双手，抚摸着这株奇异的、可爱的稻穗，激动地在心里喊道："奇迹！奇迹！"这株禾穗，株型优异，穗大粒多。他认真地数了数穗数和粒数，竟有十余穗，每穗有壮谷一百六七十粒。

这个自然界的极偶然的现象在袁隆平心里溅开了一丛一丛火花。他用布条在这株禾苗上扎上记号后，才轻轻移动脚步，走出试验田。

这一夜，他的小提琴又奏出了欢快的乐曲。

收获的季节到了。一把金灿灿的种子，摆到了袁隆平的书桌上。他开始盼望春天快点到来。

此后，袁隆平常常对着这把种子发呆，心如一匹野马，驰骋在广阔的天宇间。

冬去春来，这把种子，连同袁隆平对它厚重的希望，一起播到了试验田里。他等待着一个又一个七月，又一个奇迹。因为当时叫响的许多优秀稻种，都是从群体品种中最优秀的变异单株培育出来的。

这把种子在袁隆平的企盼中发芽了，插栽了，转青了，长高了，眼看就要含苞抽穗，禾苗却高的高，矮的矮，参差不齐。接着，有些灌浆、撒籽了，有些在抽穗、扬花，成熟得早的早，迟的迟。几百上千克禾穗，没有一蔸超过了它们的前代。

希望破灭了。

袁隆平心里却没有平静，他死死地抓住这个自然现象，反复地思索，这株"鹤立鸡群"的特异禾穗是怎么产生的呢？为什么到下一代又会退化呢？苦恼中，他的心里突然射进一道光芒，灵感来了，孟德尔等的遗传学理论中，有一个分离律观点，从这个观点看，纯种水稻品种，它的第二代是不会有分离的，只有杂交第二代才会出现分离现象。袁隆平心想：它的后代既然发生分离，那么，去年这株"鹤立鸡群"的稻株，就一定是"天然杂交稻"！

"天然杂交稻"这个"概念"猛烈地撞击着袁隆平的心房。他在心里反复地拷问自己：既然自然界有天然杂交稻，那么，我们能不能培育出人工杂交稻呢？

经过 20 年的反复实验，袁隆平研制的杂交水稻终于达到了每亩单产 2000 斤的目标，为农民摆脱贫困境作出了不可磨灭的贡献。

30. 童年志大的女科学家谢希德

谢希德，福建省泉州人，我国著名的女科学家。

谢希德出生在福建泉州，从小与祖母相依为命，母亲在她 4 岁时便重病身亡，父亲去美国留学。

童年时的谢希德，渴望学习知识，为此，在福建泉州城内的一所女子小学校内，常常看到瘦弱的谢希德踮起脚尖、趴在窗外窥视教室内姐姐们读书的情景，神情是那么的专注，直到她祖母找来，把她带回家去。

一路上，祖母责怪她不该独自离家上这儿来。"我也要上学念书。"谢希德央求地说。"我不知对你讲过多少回了，你年纪太小，还不能上学。"祖母心里有些烦，认为孙女儿太淘气，不听话。

谢希德也不示弱，蛮有理地说："爸爸不是到国外念书去了吗？说是念了书可以懂得很多很多。你还告诉我，妈妈患病时还在厦门念书。为什么我不能念书？"

祖母听孙女儿这么说，口气变软了："好孩子，你当然也要念书的，但得等你再长大一点。你现在岁数太小，学校不能收你入学。"

谢希德的童年生活很寂寞，祖母对孩子的饮食忌讳又多，不让喝牛奶，因为牛奶易上火；还要少吃肉，因为怕肉类会引起不消化，这些使谢希德幼年的体质就比较虚弱。她没能受到父母的爱抚，然而母亲的好学、父亲的勤奋，在她幼小的心灵中染上一层朦胧的意识，那就是对知识的渴望成为她终生的追求。

谢希德的父亲学成归国，被燕京大学物理系聘为教授，谢希德和祖母也就随之住进了燕园。

在这个学术气氛浓厚的环境里，如鱼得水的谢希德已是子弟小学的一名小学生了，而且是年年成绩名列前茅、品学兼优的优等生。

继母很关心她的学习，每当她谈女儿的少年时代，总爱夸耀说：

"别人家的孩子总是要吃要穿，缠着父母要玩具，我家希德除了按时完成作业以外，总是缠着我，要我给她布置作业或教一点东西，她从小对知识的追求就是如此强烈。"

父亲的书房是谢希德最爱逗留的地方，书柜里的书是那样地吸引着她，不管看得懂还是看不懂，她都爱翻开来看一看，读一读。

时间久了，她的知识越来越丰富，求知的兴趣也越来越浓，父亲的书橱她再熟悉不过了。

有一次她父亲出差在外打来了一份电报，当时电报局没有翻译电报字码的业务，得由收报人自己去译，所以很多家庭都有一本电报明码检字的小册子，以备不时之需。

祖母为找明码焦急万分之时，小小的谢希德却轻而易举地从一大堆书中找了出来，喜得祖母夸奖不已。

31. 陈念贻7岁立志造飞机

陈念贻，1930年出生，北京人，我国现代杰出化学家，中科院院士。从清华大学化学系毕业后，从事炼铝研究。

陈念贻的童年是在战火纷飞中度过的。7岁时，正逢"七七事变"，日本侵略军大举进攻中国。当时日本飞机天天来轰炸，爸爸妈妈带着他躲进了防空洞。

一次，炸弹在陈念贻家不远处炸了一个大坑，死了不少人。不久，日军就占领了他的家乡，杀人放火。无恶不作，无奈爸爸妈妈带他逃到乡下，生活越来越苦。

他问爸爸："为什么中国人总受外国人欺负？"

爸爸说："因为中国人不懂科学，不会造飞机大炮，没有武器保卫国家，便受人欺负。"

听了爸爸的话，陈念贻想：长大了要做个科学家，让中国人也会造飞机，那该有好呀！

一些为小朋友写的科学家传记第一次让陈念贻知道了科学家都是刻苦用功的人，他想：我也要用功学习！

陈念贻12岁那年，哥哥以优异的成绩被辅仁大学化学系录取了，他拿几个玻璃瓶，在家里做化学实验。

陈念贻看着看着，就入迷了。那简直像变魔术一样，亮晶晶的铁钉子，扔进瓶子中不一会儿就被水一样的盐酸溶化了，坚硬的钢铁变得无影无踪了，还冒出一种气泡，充进气球里就成了"氢气球"，会自己飞到天上去。明明是一瓶"红墨水"，加了两滴碱溶液就变成了"蓝墨水"了。

在哥哥做实验时，他也跃跃欲试，想动手做实验，但因他太小，哥哥怕出危险，不许他动手做。

于是，陈念贻就着迷似的看化学书。从这些书里，他知道了化学不仅"好玩"，而且用处大得很！造飞机用的铝和镁，开飞机用的航空汽油，都要靠化学方法来制得。

这时，陈念贻又想起挨日本飞机轰炸的事，所以，他立志长大做个化学家，要炼铝、炼镁，并学会制造汽油，整天和神奇的化学打交道成了他的梦想，他要为实现这个梦想而努力。

就这样，他利用课余时间，自学了初中、高中化学课程，还学了不少化学游戏知识。他凑了几个空墨水瓶、汽水瓶，向哥哥姐姐要了点硫酸，又用过年大人给的"压岁钱"买了一点石灰、碱和几种药液，心爱的化学实验就在煤球炉子上开始了，他真是太高兴了！

为了实验，他想了不少土办法：没有石蕊试纸，就用凤仙花、牵牛花代替，它遇到酸、碱也能变颜色；没有天平，就用马粪纸、铁丝造一个，听说一分钱的铝币是 1 克重，所以 1 分钱就成了他的砝码了；用碱加石灰加水，可制氢氧化钠，加 1 块铝币就能冒出氢气；他还用碱加石灰造氢氧化钠，加花生油煮成肥皂……

就这样，一边看书，一边做实验。家里书不够了，星期天一清早带块窝窝头，到 8 里以外的图书馆看书、抄书。

图书馆管理员看他爱读书，有时还借几本书让他带回家读。

有一次，姐姐的朋友来家里玩，她是北京大学化学系的学生。她看到陈念贻这样喜爱化学，就带他到北京大学化学系旁听。

老师和同学都很喜欢他，还送一些化学药品给他做实验，他觉得自己真成了小"化学家"了！

可是不久以后，他渐渐懂得，要成为一个真正的化学家，可不是那么容易的事情。

北京大学化学系图书馆有一屋子化学书，大部分是英文、德文、日文撰写的，中文书没有几本，他不懂外文，根本没法读。

还有，化学中也有些理论需要学会微积分，不然根本就不懂，可他不但不懂微积分，连代数、几何还没学好呐！

这时陈念贻才明白，不学好中学各门课程，就不能成为大学生，更不用说当化学家了！

16 岁的陈念贻，下决心用 *1* 年半时间自学中学课程，然后考大学，当一个"真正的"化学系学生。

17 岁那年秋天，陈念贻真的考取了清华大学化学系。经过 *4* 年苦读，他大学毕业，分配到中国科学院工作，真的研究起炼铝来。这可是他儿时的梦想，那时正是我国解放后开始社会主义建设的火红年代，我国第一个炼铝厂正在兴建，他在老科学家指导下，为我国炼铝工厂解决了一批技术难题。

当我国第一个喷气式飞机工厂顺利投产的消息传遍祖国大江南北时，陈念贻感到儿时的梦想真的实现了！于是，他积极投入到祖国轰轰烈烈的建设中去，用自己的知识和智慧去实现儿时美好的梦想。

32. 苏步青从风水书上认字

苏步青，生于 *1902* 年，浙江平阳人，著名数学家、教育家、中国科学院院士，曾在浙江大学、复旦大学任职，发表学术论文 *150* 余篇、专著7部。

1902年9月23日，在浙江平阳卧牛山的一户普通农民家庭，诞生了我国著名的数学家、教育家苏步青。

精通文墨的父亲，借助"平步青云"这个成语，给儿子取了个含义深刻的名字，这其中饱含了父亲对儿子前途的希望。

父亲是风水先生，每天总要读一点书，这激发了童年苏步青认字的兴趣。

不知多少个日日夜夜，在一盏菜油灯下，父子俩一个背诵阴阳八卦，一个好奇地认书上的字。

父亲嘴里念念有词，儿子却把兴趣放在字上，从来对书上的内容不感兴趣。他常常蘸着水，在桌上写着风水书上的山、田、土、水等字，边写边认。

他一字不落地往下记，不认识的立刻问父亲。父亲对儿子则是有问必答，从不嫌烦。

冬去春来，岁月轮回，不知不觉中，一本风水书被这个孩子读完了。他的识字数量也达到了足可以粗读一般书籍的程度。

苏步青见字就问、认识了就写的行为引起了父亲的注意，他意识到儿子是个读书的材料，于是，就把苏步青送到他伯父的私塾馆念书。

父亲因家中贫穷，交不起学费，就请求让苏步青免费来跟伯父读书。伯父同意了，条件是苏步青要替他烧饭。

就这样，7岁的苏步青进了伯父的私塾馆。在伯父的严格管束下，苏步青认识了不少字。

后来，伯父家也撑不下去了，便外出谋生，苏步青也因此回家当起了放牛娃。

苏步青整日和小朋友们在牛背上玩闹，引起了父母的不安。他们既担心儿子不知深浅地打闹会造成意外受伤，更担心长此下去，孩子必定会成为一个不思进取的农民。

望子成龙的父亲决定节衣缩食，送儿子继续读书。

此时，苏步青已经到念高小的年龄。高等小学只有县城才有，于是他们横下一条心，把儿子送到离家很远的高等小学上学。

当父母把这个决定告诉苏步青时，他高兴得跳了起来。

来县城上高小的学生，多数是有钱人家的孩子。苏步青一进教室，就成了富家子弟嘲笑的对象。

他们嫌苏步青的蚊帐破旧，说他不配住在这里，给宿舍丢脸，要求苏步青搬离宿舍。

苏步青据理力争，说这是学校让他住的。

最后，他们与管楼的先生串通起来，把苏步青赶出了学生宿舍。受尽屈辱的苏步青无处可去，只好在二楼的楼梯口搭起了临时床铺，挂上那顶破旧的蚊帐，儿时的苏步青就这样含泪孤独地睡去了。

不久，学校来了一位新老师。他把地理课讲得生动有趣，一下子把孩子们的注意力吸引到地理上来。特别是苏步青，对地理入了迷。

地理老师看到苏步青聪明，记忆力好，就很关心他，还给苏步青讲牛顿的故事来激励他。

苏步青从牛顿的故事中悟出了这样的道理：只要有骨气，肯学习，就一定能获得好成绩。

小学毕业后，他以优异的成绩考上了浙江省第十中学。当时第十中学是浙江东南部的最高学府，也是全省重点中学之一。

读中学三年级时，当时的校长兼任几何课的教学，他为学生们出了一道题：证明三角形的一个外角等于不相邻的两个内角之和。

绝大多数学生仅用一种方法证明，个别学生用两种或三种方法，而苏步青却用了 24 种方法进行了合理的证明。

功夫不负有心人，1919 年，仅 17 岁的苏步青只身一人赴日本留学。随后，经过十几年的刻苦奋斗，1931 年，他如愿获得了日本东北帝国大学理学博士学位。

这个乡村走出来的孩子苏步青，通过一系列的数学创造，为祖国获得了巨大的荣誉，也为数学的发展和中国的教育事业作出了巨大的贡献，在世界上也有一定声望。

33. 陈中伟从给小狗接腿到成为骨科专家

陈中伟，浙江宁波人，我国著名的骨科专家，中国科学院院士，是我国名扬世界的"断肢再植"创造者之一。

千手观音是大家都熟知的，在一些寺庙中常可见到，但现实生活中的"千手观音"你知道吗？他就是我国著名的断肢再植专家陈中伟教授。

1963 年，陈中伟成功地实施了第一例断肢再植手术，轰动了国内外医学界，被誉为"断肢再植术的奠基人"。

出身于医学世家的陈中伟，1929 年出生于浙江宁波。

他的童年却与麻雀和青蛙结下了不解之缘。有一次，他用剪刀剪掉蛙头以后，在青蛙脊椎骨的断口看到一个圆圆的小洞，感到很奇怪，就用一根细铅丝伸进了那个圆洞。突然，青蛙竟自己活动起来了。

陈中伟想不出这是什么原因，就叫爸妈来看。

"这个圆洞有个专门的名称，它叫椎管……"陈中伟的爸爸说。

"用铅丝往椎管里捅，青蛙脚为什么会动呀？"陈中伟急着问爸爸妈妈。

"椎管里那白色的豆腐样的东西是脊髓神经，这叫触神经。"陈中伟的爸爸说，"它像个神经组织的总开关，它与全身各部分的神经相连。你刚才触动了总开关，蛙脚当然就活动了。"

从此，陈中伟的好奇心被引导到观察动物内部构造的方面，"神经管动作、血液流动、呼吸等是什么东西在管着呢？"

"若想想知道这里面的秘密，我们可以解剖给你看个明白。"

爸爸妈妈都是医生，他们知道，认识动物的机体组织，可以帮助认识人体里面的一些结构和功能。

以后，陈中伟逮住麻雀不光是拿着玩了，他的兴趣已集中在研究它的构造上了。他将麻雀小心地用剪刀剖开，然后向爸爸妈妈请教，问题多得数不清。

父母对于陈中伟的问题百答不厌，而且是有问必答，他们细心地指着麻雀的各个部位，一个个地给予回答：

"这叫心脏，是血液流动的'泵'；这叫肺，是专管呼吸的'风箱'；这叫胃，是消化食物的'工厂'……"原来，"麻雀虽小，五脏俱全"哩。

有一天，少年陈中伟正在院子里和小伙们玩耍。

忽然，家中那只可爱的小花狗从外面跑回来，"汪汪"直叫，声音凄惨，还伴有呻吟声。一个眼尖的小伙伴大叫起来："中伟，你家狗受伤了！"

陈中伟不禁大吃一惊，抱起小狗，只见它的一条后腿鲜血淋淋，再仔细看，已经断了。

"一定是压的。"

"它一定很疼，快想办法吧！"

"中伟，你爸爸在家就好了，他准有办法。"

小伙伴们七嘴八舌地议论着。听着听着，陈中伟心里忽然闪过一个大胆的念头，他对伙伴们说：

"我们自己动手把它的腿接上去，好不好？"

小伙伴们一听，顿时来了兴趣，兴奋地附和着陈中伟这个大胆的想法。

陈中伟立即找出爸爸的旧解剖刀、剪子、针线、纱布等，还不时地指挥小伙伴们做这做那，自己则当"主刀医生"。

忙了好半天，总算在狗身上完成了"手术"，大伙开心极了。

等爸爸下班回家，陈中伟高兴地说："爸爸，我今天把小狗的断腿接上去了。"

弄清怎么回事后，爸爸打趣地笑着说："我们家出名医了！"笑过之后，他又认真地说：

"孩子，如果你真能把断肢接好，可真的就成为一代名医了。至今为止，还没人能做到呢！"

没过几天，小狗死了，那只断腿依然耷拉着。

这次给小狗接腿的失败在陈中伟的记忆中留下了深刻的印象，从那时起，他就立志要突破断肢再接难关，造福人类。

读高中时，陈中伟对《生物》的理解比其他同学都透彻，功课自然良好，老师很器重他。

长大以后的陈中伟成了一名医生，他仍不忘儿时的志向，经过不懈努力，终于攻克了断肢再植的难关。

34. 23 岁的神童博士李政道

李政道，美籍华人，1926 年生于上海，物理学家，1957 年获诺贝尔物理学奖。

李政道从小在上海长大，父亲李骏康毕业于金陵大学，母亲张明璋毕业于上海启明中学。受父母的影响，李政道兄弟姐妹 6 人都成了学者。

从小对数学和物理有浓厚兴趣的李政道，从小学到中学成绩一直名列前茅。1940 年，日本侵略军占领了上海，当时李政道只有 14 岁。他和两个哥哥只好到了大后方，在江西联合中学读书。读到高三的时候，由于学校请不到数学和物理教员，就让李政道代教这两门课。他虽然天资聪颖，成绩优秀，但当教师对他来说是一次考验。可贵的是，李政道勇敢地挑起了这一重担。他认真备课，勤于请教，讲课竟收到了很好的效果。这一段当"小老师"的经历给了他一次极好的磨炼，而且使他明白了一条真理：要做先生，先要做学生。从此以后，他学习起来更加刻苦用功了。

1943 年，17 岁的李政道进入浙江大学。校址迁到了十分贫困的贵州遵义。教学条件极差，连个安静的学习环境都没有。学习用功的李政道想到了一个办法，他白天到茶馆去，泡一杯茶，占一个座位，就在茶馆里埋头苦读，一读就是一天。时间长了，他又练出了一套闹中求静、专心读书的本领。

一年后，李政道转入当时迁到昆明的西南联合大学（由北京大学、清华大学、南开大学组成）学习，条件仍然十分艰苦，十几个同学挤在一小间草屋里，隔几天就要把被单衣物拿到大锅里去煮一煮，以消灭臭虫。在这里，他仍然采用在贵州遵义的办法，经常到茶馆里去读书。

1946 年，20 岁的李政道独自到美国留学，当时他刚刚读到大学二年级，但经过芝加哥大学严格的考试，他竟然被芝加哥大学研究生院录取了。三年后，李政道便以"有特殊见解和成就"通过了博士论文答辩，当年李政道年仅 23 岁，被誉为"神童博士"。

35. 阿基米德由洗澡得出浮力定律

传说叙拉古国王亥厄洛，因为打了几次胜仗就有点飘飘然，命金匠打制一顶纯金的王冠。新王冠做得十分精巧，纤细的金丝密密地织成了各种花样，大小也正合适，国王十分高兴。但转念一想：我给了工匠 15 两黄金，会不会被他们私吞了几两呢？因此，马上叫人拿秤来称，结果不多不少正好 15 两。但这时一个大臣出来说："重量一样不等于黄金没有少，万一金匠在黄金中掺进了银子或其他东西，重量可以不变，但王冠已不是纯金的了。"国王听后觉得很有道理，但有什么办法能既不损坏王冠又知道其中是否掺了银子呢？国王把这个难题交给了阿基米德。

阿基米德欣然领命，因为解决种种难题正是他的志趣所在，越是难题，才越有滋味。

可是，不损伤王冠就不能取样跟纯金比较，也不能用试金石查检金的纯度。从表面看，是无法看出金子纯度的，该怎样判定王冠的黄金纯度呢？阿基米德思来想去，一直想不出正确的判定方法来。一连几个星期，他茶饭不思，简直被这个难题迷住了。

但是，有问题总得解决呀，阿基米德心力交瘁，觉得总这样也不是办法，还是先调节一下身心，再继续研究吧。于是，他叫来仆人，吩咐给自己准备洗澡水，洗上一个澡。

大概是阿基米德好久没招呼仆人替他准备洗澡水了，仆人这一次把浴盆里的水加得太满了。阿基米德一条腿刚伸进去，水便溢出盆来，再伸进一条腿，水又漫出来一点，等到洗好澡，盆里的水已经浅了一层。这时候，再把腿伸进盆去，那水却不再溢出来，即使全身都浸泡在盆里，水也没有溢出一点儿。

看到这种现象，阿基米德思索了这么多日子的问题突然明朗起来。看样子，物体进入水中，一定会排出与体积相等的水，那么，体积越大排开的水一定就越多了。如果把与王冠等重的纯金浸入水中，它排出的水是一定的，如果王冠里掺了别的金属，那些金属的体积一定比纯金大，那么肯定会多排出一些水，两相对比，王冠里有没有假，不就很清楚了吗？

想到这里，阿基米德一阵欣喜，跳出浴盆开始检验自己的设想，他用各种金属放进水盆，计算溢出的水。得出的结论跟自己的想法完全相同，这时，他觉得解决王冠的问题已经成熟，便带着必要的仪器进了王宫，准备测试一下王冠是否真由纯金所制。

宫殿里，阿基米德请亥厄洛取来纯金，称出跟王冠等重的一块，放进满满一盆水中，这时候，盆中的水开始溢出盆外，阿基米德小心将这些水放进杯中，然后放在天平的一端。接着又把王冠也用同样方法浸出水来，放到天平的另一端，这时候，全体在场的人都清清楚楚看到，王冠所排出的水显然比纯金的多，天平公正地倾向了一方。

阿基米德向亥厄洛国王禀报："金匠一定在纯金里掺了比金轻的金属，因此王冠的体积会比纯金大一点，因此排出的水便比同样重量的纯金多。"在事实面前，金匠只得承认自己确实是偷了国王的纯金。

称王冠的案子结束了，阿基米德完成了作为一名宫廷顾问必须完成的任务，但是，作为一名科学家，他觉得还没有尽自己应尽的职责。沿着用排出液体多少称量物体这条思路，他继续研究下去，终于总结出了有关浮力的原理：浸在液体中的物体会受到向上的浮力，这种浮力的大小等于物体排开的液体的重量。这就是著名的浮力定律。

36. 欧几里得编撰《几何原本》

欧几里得生于雅典，他从小就接受了希腊古典数学以及其他多种学科的教育，三十岁时，他就成了希腊有名的学者。

欧几里得善于用简单的方法解决复杂的问题。他在人的身影与身高正好相等的时刻里，测量了金字塔影的长度，解决了当时无人能解的金字塔高度的大难题。

欧几里得还是位温良敦厚的教育家。他治学严谨，循循善诱，反对投机取巧、急功近利的作风。有一次，国王希望找到一条学习几何的捷径。欧几里得便对国王说："在几何学里，大家只能走一条路，没有专为国王铺设的大道。"这句话成为千古传诵的学习箴言。

古希腊的数学研究有着十分悠久的历史，曾经也有过一些关于几何学的著作，但是，这些著作都只是讨论某一方面的问题，内容都不够系统。经过长年的研究，欧几里得汇集了前人的成果，采用前所未有的独特编写方式，先提出定义、公理、公设，然后由简到繁，证明了一系列定理，讨论了平面图形和立体图形，还讨论了整数、分数、比例等，建立起一套完整的几何学体系，并完成了《几何原本》这部数学史上的巨著。

自从《几何原本》问世后，它的手抄本就开始在民间流传，直到1482年开始被大量地印刷发行。《几何原本》还被翻译成其他语言，流传于世界各地。它在13世纪时，被传入了中国。二千多年以来，《几何原本》一直都被看作是学习几何学的标准课本。我们现在学习的几何学，就是由欧几里得创立的。

欧几里得编撰《几何原本》，最伟大贡献在于他对教材的编排和大纲的制订。他首先挑选一套定理和公理，接着就认真编排这些定理和公理。全书循序渐进，逻辑性强。同时，他还在必要的地方补充了缺少的步骤，提出了缺少的证据。值得注意的是，在《几何原本》中，也包含着大量的代数和数论内容。

欧几里得的《几何原本》，对世界科学史上的诸多伟人都产生过深刻的影响。其中，受影响最深的是著名的物理学家艾萨克·牛顿。牛顿写他自己的物理学方面的《原理》一书，就是用"几何"的形式写成的。

由于欧几里得在几何学方面所取得的杰出成就，以及他的《几何原本》对后世的深远影响，所以，欧几里得被称为"几何学之父"。

37. 毕达哥拉斯创立希腊数学

俗话说，数学乃科学之王。无论是解说外在的物质世界，还是描写内在的精神世界，都不能没有数学。最早悟出在万事万物背后，都有数的法则在起作用的，是生活在 2500 年前的古希腊数学家、哲学家毕达哥拉斯。

毕达哥拉斯出生在爱琴海中部的萨摩斯岛，也就是今天希腊东部的小岛。毕达哥拉斯自幼聪明好学，他曾在名师门下学习几何学、自然科学和哲学。还曾经历经万水千山，到巴比伦、印度和埃及，学习阿拉伯文明、印度文明，甚至还了解了中国的文明。

毕达哥拉斯学成之后，回到希腊，凭借他自己在学术上的建树，深受世人的爱戴，创建了毕达哥拉斯学派，一边从事教育，一边从事数学研究。

毕达哥拉斯和他的学派在数学上有很多创造，尤其是对整数的变化规律很感兴趣。他们还发现了勾股定律，研究了黄金分割，证明了正多面体只有五种形式——正四面体、正六面体、正八面体、正十二面体和正二十面体。

在毕达哥拉斯所带领的学派中，他们尊崇整数，认为整数最崇高，最神秘。"数即万物"，也就是说，在宇宙间，各种事物的关系，都可以用整数或整数之比来表达。

毕达哥拉斯创立的希腊数学，是人类数学发展史上的一个丰碑，它开创了数学的新纪元，为后来数学的发展奠定了基础，同时，也深刻地影响了后来欧洲几个世纪的科学发展。

38. 希帕索斯发现无理数

毕达哥拉斯创立了希腊数学之后，觉得这实在是一件了不得的本事。他想，不能只满足于用数来算题解题，他还要试着用数的观点去解释世界。经过一番刻苦实践，他提出"凡物皆数"的理论，数的元素就是万物的元素，世界是由数组成的。

一天，毕达哥拉斯学派的成员们开完了一个学术讨论会，坐着游船去领略山水风光，以驱散一天的疲劳。船航行在地中海海滨，蓝色的海湾环抱着品都斯山；长长的希腊半岛伸进海面，就像明亮的镜子上镶着一粒珍珠。风和日丽，海风轻轻吹来，荡起层层波浪，大家心里都很高兴。

这时，一个满脸胡子的学者看着广阔的海面，兴奋地说："毕达哥拉斯先生的理论一点不错，你们看这海浪，一层一层，波峰波谷，就好像奇数、偶数相间一样，世界就是数字的秩序。"

"是的，是的。"一个正在摇桨的大个子说："就说这小船和大海吧。用小船去量海水，肯定能得出一个精确的数字。一切事物之间都是可以用数字互相表示的。"

"我看不一定。"这时，坐在船尾的一个学者突然发话了，他沉静地说："要是量到最后，不是整数呢?"

"那就是个小数。"

"要是这个小数既除不尽，又不能循环呢?"

"不可能，世界上的一切东西，都可以相互用数直接准确地表达。"

可是，那个学者却以一种不想再争辩的口气冷静地说："并不是世界上一切事物都可以用我们现在知道的数来互相表示。就以直角三角形来说吧，假如是等腰直角三角形，你就无法用一个直角边准确地量出斜边来。"

这个学者名叫希帕索斯，他在毕达哥拉斯学派中，是一个聪明、好学、很有独立思考能力的青年数学家。

摇桨的大个子一听这话就停下手来大叫着："不可能，不可能，先生的理论置之四海皆准。"

希帕索斯眨了眨一双聪明的大眼睛，伸出两手，用两个虎口比成一个等腰直角三角形说："如果直边是 3，斜边是几？""4""再准确些？""4.2""再准确些？"

"4.24""再准确些呢？"

大个子脸涨得绯红，一时答不上来。

希帕索斯说："你就再往后数上十位、二十位也不能算是最精确。我演算了很多，任何等腰直角三角形的一边与斜边，都不能用一个精确的数字表示。"

这话像一声晴天的霹雳！全船立即响起一阵怒吼："你竟敢违背毕达哥拉斯先生的理论，竟敢破坏我们学派的信条，竟敢不相信数字就是世界！"

希帕索斯这时倒十分冷静，他说："我这是个新的发现，就是毕达哥拉斯先生在世也会奖赏我的。你们可以随便去验证。"

可是，人们不听他的话，愤怒地喊着："叛逆！叛逆！先生的不肖门徒。""打死他！打死他！"大胡子冲上来，当胸给了他一拳。希帕索斯抗议着："你们无视科学，你们竟这样无理！""捍卫学派的信条永远有理。"那个大个子冲了过来，猛地将希帕索斯抱起，说："我们给你一个最高的奖赏吧！"说完，就把希帕索斯抛进了海里。蓝色的海水很快就淹没了希帕索斯的躯体，吞没了他的声音。这时，天空飘过几朵白云，海面掠过几只水鸟，静静的远山绵延起伏，如一道屏风。一场风波过后，这地中海海滨又显得那样宁静。希帕索斯发现了数学王国中的无理数，就这样，以悲剧的形式开始，又以悲剧的形式结束了。

39. 笛卡尔发明解析几何

勒内·笛卡尔，出生于法国拉哈的一户律师家庭。他一出世，母亲就病故了，在保姆的照料下长大。笛卡尔从小在耶稣会办的学校里接受教育，后来又在大学里学习医学和法学。他虽然身体孱弱，但尊敬师长，勤奋刻苦。笛卡尔对学校里僵化的说教持强烈的怀疑、批判态度，坚定不移地寻找真理。他对数学和科学也怀有浓厚的兴趣，并长期保持着这种兴趣。

笛卡尔一生作出了多方面的贡献，他在数学、自然科学，哲学方面，都开创了一个崭新的时代。但笛卡尔最杰出的贡献是在几何学方面的，虽然他一生只发表了唯一的一本数学著作《几何学》，这本书只有 117 页，但是，它却标志着代数与几何的第一次完美结合。

笛卡尔使形形色色的代数方程表现为不同的几何图形，把许多相当难解的几何题转化为代数题后，就能轻而易举地找到答案。他指出，希腊人的几何过于抽象，而且过多地依赖于图形。代数却完全受法则和公式的控制，以至于阻碍了自由的思想和创造。他不但看到了几何的直观与推理的优势，还看到了代数机械化运算的力量。

笛卡尔利用代数与几何的完美结合，创立了解析几何。他是解析几何的创始人。

40. 埃拉托色尼创立测算地球圆周的方法

　　埃拉托色尼生于希腊在非洲北部的殖民地昔勒尼，即今天的利比亚。他从小就接受了良好的教育，成为一位博学的哲学家、诗人、天文学家和地理学家。埃拉托色尼的兴趣是多方面的，他一生的成就也是多方面的，不过，他最杰出的成就，则主要表现在地理学和天文学方面。

　　埃拉托色尼曾应埃及国王的聘请，担任皇家教师，并被任命为亚历山大里亚图书馆的一级研究员，后又接任图书馆的馆长。

　　当时，亚历山大里亚图书馆是古代西方世界的最高科学和知识中心，那里收藏了古代各种科学和文学论著。图书馆的馆长，在当时，是希腊学术界最有权威的职位。埃拉托色尼担任亚历山大里亚图书馆的馆长之后，充分地利用职位之便，十分出色地利用了馆藏丰富的地理资料和地图，进行他在地理学方面的科学研究。

　　埃拉托色尼在地理学方面的杰出贡献，集中反映在他的两部代表著作中，即《地球大小的修正》和《地理学概论》二书。前者论述了地球的形状，并以对地球圆周的计算最为著名。他创立了精确测算地球圆周的科学方法，其精确程度令人为之惊叹；后者是对有人居住世界部分的地图及其描述。

　　埃拉托色尼认识到，古老的爱奥尼亚地图必须全面改绘。他的目标是运用几何学的方法，依据精确的天文学和测地学新数据，来绘制更合理的世界图像。他毫不含糊地摒弃了亚历山大以前的资料，大量采用毕提亚斯远航，亚历山大远征，以及其他最新的地理考察成果。他系统提出了采用经纬网格来编绘世界地图的方法，全面改绘了爱奥尼亚地图。他所编绘的世界地图，不仅在当时具有权威性，而且成为其后一切古代地图的基础。

显然，埃拉托色尼的地理学思想比前辈地理学家们更臻于成熟。他对地理空间表现了极大的兴趣，他是首先使用"地理学"名称的人，代替传统的"地方志"这个名称，这个词汇后来广泛应用，成为西方各国通用学术词汇。

埃拉托色尼的地理学著作和成就标志了古代希腊地理学的最高峰和结束，他被西方地理学家们推崇为"地理学之父"。

41. 希帕蒂娅 10 岁迷上数学

希帕蒂娅是个聪明漂亮的女孩，在她 10 岁那年的一个清晨，东方的天空刚刚出现一抹红霞，希帕蒂娅和她的父亲塞翁已经在博学园的林间草地练功了。这是几年来养成的习惯。

红日喷薄而出，顿时洒来一股热浪。塞翁和满头是汗的女儿开心地笑着，他们开始在草坪上悠闲的漫步。

"小希帕蒂娅，你看看咱们的影子。"塞翁指着面前的草地。

"一长一短，一胖一瘦，爸爸的像只大熊，我的像个小猴。"希帕蒂娅笑着答道。接着，她眨着美丽的眼睛，问道：

"我们的影子不就是物体挡着太阳光形成的吗？它有什么用处吗？"

"问得好，希帕蒂娅。我想四旬斋节时，带你去古埃及法老齐阿普斯的金字塔旅行。到时候影了能帮我们测量金字塔的高度呢。这两天，你动动脑筋想个测量的办法，好吗？"

"我试试看，爸爸！"

街上的吵闹声不时飘进希帕蒂娅的房间，她却像个聋子一样坐在桌前纹丝不动，对一切都无动于衷。

原来，她正对着上午画好的几何图形思考着测量金字塔的方案。

太阳偏西，院子里响起了铃声。这是提醒希帕蒂娅该下楼练习骑马的信号。骑马可不比练习体操，这要求骑手有胆量、有耐力、有机智。两个月前，塞翁决定让女儿开始这项运动。一听到铃声，她便飞也似的冲下楼梯。

父亲已经牵着两匹马在门口等她了。其中小的那匹叫"旋风"，是专门给希帕蒂娅骑的。

"爸爸，我的作业还没完成。"

"谁也不能剥夺你呼吸新鲜空气的权利！女儿，上马吧！"

"爸爸，我们今天去哪里？"

"从城西绕到海船码头。"

"太好了，爸爸。"

希帕蒂娅骑上"旋风"，与父亲一前一后，进入拥挤和喧闹的人群中。

一出城，塞翁就打马小跑起来。希帕蒂娅一提马缰，两脚一夹马腹，"旋风"立刻懂了主人的心意，长嘶一声，赶了上去。她一会儿就超过了父亲。

跑马的颠簸使希帕蒂娅全身肌肉都颤抖起来，心也怦怦地跳着。但她是那样兴奋，恨不得一口气跑到码头。"旋风"真像旋风，它卷起一阵尘土，迅猛地向前冲去。塞翁控制着坐骑的速度，策马紧随其后。他估计女儿的体力即将不支，而她骑兴正高，丝毫不想减慢飞奔的速度。于是，他高声喊：

"希帕蒂娅，向北拐，朝海走。"

"旋风"的速度慢下来，塞翁催马急拐弯，拦住了女儿的马头。

"让马缓缓气，女儿。"

"好的，爸爸。"

两匹马一前一后缓步向前行。夕阳西斜，它把赠给世界万物的影子拉得长长的，丢在它们的东边。

"希帕蒂娅，看到影子了吗？"

塞翁又回到上午提出的问题。"来，骑到我的东边。"

真巧，随着影子的重叠，两个影子的最东点正好对齐。

"啊！太棒了！"希帕蒂娅一面观察着两个影子的重叠，一面高兴地叫了起来，"爸爸，太阳和咱们俩的头顶上正好在一条直线上，是吗？前两天刚学过的相似三角形相应边成比例的定理可以用上了，知道你和我的影子长度，又知道我骑在马上的高度，不就能算出你在马上的高度了吗？"

"量我在马上的高度，有一根竹竿就行了。"父亲说。

"可是，没有金字塔那么高的竿子啊！"

希帕蒂娅突然明白了，测量金字塔的高度可以用影子测高的方法。她兴奋极了，抓住父亲的右胳膊，用劲一跳就离开了"旋风"。塞翁吃惊的抱住女儿，把她轻轻放在自己的马上。

"怎么了，女儿！"

"影子可以帮我们测量金字塔的高度。我用不着爬上金字塔了，对吗？"

希帕蒂娅亲热地搂住了父亲的脖子。

42. 第谷 14 岁探索天文王国的"影迷"

第谷，1546 年出生在丹麦的斯坎尼亚省，丹麦著名的天文学家。从小过继给了伯父，10 多岁时仍旧贪玩，不爱学习。

1546 年，在丹麦斯坎尼亚省的一个贵族家庭里，丹麦著名的天文学家第谷出生了。由于第谷的伯父没有孩子，于是，第谷父亲就把第谷过继给了伯父。

伯父十分溺爱这个聪敏过人的孩子，但第谷读书不用功，令伯父十分头疼。眼见第谷已长到 10 多岁，仍是那样贪玩，不爱学习，伯父着急起来。原来伯父非常希望第谷长大后能当一名律师，像他的生父一样，成为一个有名望的人。

可伯父哪里知道，虽然第谷仍旧贪玩，学业无长进，但他毕竟长大了，他不再像儿时候那样糊里糊涂地一味贪玩，他已有了自己的向往，自己的奋斗目标，只是他的追求与伯父的期望背道而驰。

小第谷追求的是什么呢？这得从他 14 岁那年的 8 月说起。

1560 年 8 月，地方观象台预报本月 21 日在哥本哈根可以观测到日食。这一天，小第谷果然看到了日食，当他亲眼看到明晃晃的太阳光被月亮挡住的景观时，激动得大喊大叫，手舞足蹈。尤其使小第谷感到不可思议的是，这神奇的天文现象居然是可以预测的！他决心去探索天文王国的秘密。于是，他到处去借阅有关天文学的著作，他如饥似渴地细细阅读，借来的书上常常被他画上线条或画上小圆圈。

书上的知识极大地丰富了第谷的视野，他越来越被天文学所吸引。除了看书外，第谷每天晚上都趴在窗台上或跑到阳台上观察星星。就这样持之以恒，小第谷通过学习和实际观测发现许多天文学书籍上星星的位置标注有误。小第谷成了个地地道道的"星星迷"。

终于有一天，第谷的秘密被伯父发现了。当伯父弄清这就是第谷不喜欢律师专业的原因时，他在生气与着急的同时，十分果断地将第谷送到德国莱比锡大学，还请了一个非常严厉的家庭教师监视和管束他。第谷知道伯父的一番苦心，不忍心公开违背他的意愿。但他对天文学的痴迷又无法使他放弃天文学。于是，他悄悄地带上自己制造的天文仪器来到了莱比锡大学。

在莱比锡大学读书的日子里，每当夜深人静，人们都安然入睡，就连那位严厉的家庭教师也发出了香甜的鼾声时，第谷却悄悄地起床，蹑手蹑脚地溜出房间去观察星星。无论寒冬酷暑，无论寒风吹露水打，他从来没有间断过对天文学执著的追求。

第谷锲而不舍的追求终于得到了回报，长大后成为著名的天文学家。丹麦国王还专门在费恩岛上为他建立了一座天文观象台。第谷在那里工作了 20 年，为世界近代天文学作出了不可磨灭的贡献。

43. 哥白尼一句话引发《天体运行论》

16 世纪第一年，哥白尼迫于生活来到罗马，担任一所大学的天文和数学教师。按照当时的习惯和教会的指示，他在天文学讲坛上，当然应该讲授托勒密的《天文集》，也就是统治了天文学 1400 年的"地球中心说"。

哥白尼曾经十分仔细地研究过"地球中心说"。托勒密认为地球是整个宇宙的中心，而天空像一只碗，倒扣在大地上，星星围绕着一个本轮在天空旋转。他的这种理论当然让教会十分中意，因为教会认为，是上帝创造了人类，大地上的一切，包括天空里的星星都是上帝为人类的需要创造出来的，它们当然应该围绕人类生存的大地旋转。

但是，一个本轮无论如何无法解释星星复杂的运动规律。于是，天文学家们为了投合教会的意志，在托勒密的本轮之外，一个又一个地增加本轮，甚至杜撰出虚轮来，以便为托勒密的地球中心说寻找出路，使丰富的观察资料不至于与托勒密的理论发生冲突。

托勒密这种牵强附会的地心说，从一开始便犯了错误，以至于各种对地心说的解释都无法自圆其说。

教学之余，哥白尼广泛地学习古代天文学家的著作，希腊哲学家毕达哥拉斯石破天惊的话语震动了他的灵魂：太阳是一堆火，它才是宇宙的中心，其他东西，包括地球都围绕着它旋转。这些在当时属于离经叛道的观点，像灯塔照亮了哥白尼前进的方向。他决定辞去教授的职位离开意大利，他要用观察到的事实来证明太阳的中心地位。

哥白尼离开意大利回国的那个秋天，天空中出现了横亘天宇的彗星，地面上瘟疫流行。偏偏在这个时候，教皇又误服了本想谋害别人的毒酒一命呜呼，接连而来的灾难让人们觉得快到世界末日了。教会接着推波助澜，宣布天空将连续出现土木会合，说这是上帝对世人的警告，要逃过这一劫，必须购买教会的"赎罪符"。天文学变成了教会搜刮不义之财的摇钱树。

作为一名推崇科学的学者，哥白尼对这一切十分气愤。他立即和朋友们共同研究所谓"两星会合"的问题。经过精心的观察和计算，他们发现教会宣布的日期有误，比实际情况相差了一个多月。很显然，教会为了赚钱，在故意妖言惑众，这使哥白尼看清了教会的虚伪和阴谋，从此下决心跟托勒密的错误作顽强的斗争。

回到波兰后，哥白尼在费洛恩堡大教堂任职，几次担任教堂总管。白天他是位神职人员，晚上便在他的天文台上观察星相。他的天文台原来是个作战用的箭楼，三楼是他的工作室，楼下是他的卧室，顶上的露台就是他的天文观测台。

通过观测月食的阴影，或者观察渐渐远去的船帆都证明地球是圆的，海平面也是弧形的。

哥白尼用最简陋的仪器，包括观测日食时运用的小孔成像法和水面倒影法，对日食、月食、火星、金星、木星和土星的方位和运行规律，作了五十多次观察，并作了详细的记录。他在望远镜发明前能作出如此精确的观测，充分表现了他对科学的认真态度。

在大量观察的基础上，哥白尼用全部精力来撰写他的不朽著作《天体运行论》。在这本书里，他首先证明了地球是圆的，指出了物质是由不可分的原子组成的，介绍了地球的绕轴运行和周年运行，同时阐明了日食、月食形成的原因。在这些论述的基础上，哥白尼进一步提出，地球只是宇宙中微不足道的一颗行星，而太阳才是所有行星中相对不动的中心。这就从根本上推翻了地球中心说，革新了人们的宇宙观。

44. 伽利略发明体温表

你们知道医院用的体温表吗？300 年前是没有的，医生只能凭经验给病人诊断。

有一天，伽利略在给学生上实验课时，一边操作一边提问："当水温升高时，试管里的水为什么会上升呢？"学生回答说："因为体积增大，水就膨胀上升。""那水冷却后呢？""体积就会缩小，试管里的水又会下降。"

这一回答，使伽利略突然想到："既然水的温度变化会引起体积的变化，那么反过来，从水的体积变化中不就可以测出温度的变化吗？"

他迫不及待地开始了自己的实验。先用手握住试管的底部，让管内的空气逐渐变热，然后倒过来插入水中，再松开手，这时，水被吸入试管。当他重新握住试管，水又被压了下去。然后，伽利略将一支极细的试管灌上水，在排出空气后密封，并刻出刻度。世界上第一支体温表诞生了。

45. 伽利略由铁球落地证实自由落体定律

一天晚上，伽利略和他的学生们在一起饮酒聊天，酒至酣处，伽利略对大家说了他的想法：

"我要用实验向大家证明一个真理，我要让那些最顽固的老学者们亲眼看到我的实验，然后让他们信服。"

"老师，您想什么时候做实验啊？"

"明天，不，不行，得后天，噢，也不行，下个礼拜的今天最合适，这样，我会有足够的时间先进行一下实验。我要请学校的全体师生，还有比萨的全体公民来观看这次实验，让大家一起来为我做见证。届时大家会看到，两个大小不等的铁球同时落地。"

其中一个平时颇得伽利略宠爱的学生，这时候有些放肆起来，他借着酒兴说：

"老师，您说您的那两个铁球中，会不会有一个砸在我这个不幸的脑袋上？"

伽利略冷冷地回答说："最好还是砸在上面，这样，说不定会把你的脑子砸出一些智慧的火花来。好了，现在你们都各自回去吧，我会把我的计划公布在中央讲演大厦的公告栏里，到时候，可以请你们的朋友一起来，我也将邀请各位教授到场。"

一个礼拜很快就过去了。在教堂的大钟敲响十二下前，伽利略满怀兴奋地进入了公共广场。比萨斜塔下面站满了高声谈笑的学生，看他们的劲头儿，倒更像是来看斗鸡表演的。伽利略找了半天，没有见到校长和一些资历较深的教授，可能他们害怕有损身份吧。不过，在人群中，伽利略还是看到了几位教授，他们的脸上挂着藐视的神情，还有一点不怀好意的冷笑。

在人群的最外围，是一些披着披巾要走向教堂的老妇人，她们看到有这么多人在这里集会，不知道要发生什么，于是四下里问，什么事情，要看什么，什么时候开始？

在斜塔的入口处，一位老教授正在和一位年轻的教授热烈地交谈着。他们看到伽利略走过来，便一下子停住口，分开了。伽利略没有理会他们，径直进入了斜塔中。

伽利略对已经等得有些着急的群众说：

"请大家看清楚，现在，我手中有两个铁球，左手的这一个重一磅，而右手的这一个则重十磅，如果有人不相信，可以亲自上来掂一掂，看看是不是属实。读过书的人都知道，亚里士多德认为：如果两个重量不同的物体同时下落的话，那么，它们到达地面的时间是不一样的。"

这时，人群里有人嚷着：

"那是当然，十磅的铁球一定会比一磅的快十倍。"

伽利略没有理会这个人的话，继续说：

"现在，请大家稍稍往后站一点，我会让这两个铁球直线落下去，不会伤害到大家的。请大家帮我一起观察这两个铁球落地的时间。"

说完，伽利略登上了塔顶，现在刚好是正午时分，钟声刚刚响过，下面的人群一片静寂。伽利略手里拿着两个铁球，伸开手臂，让两个手臂在同一个水平线上，喊了声"放！"

于是，两个铁球便从半空中直落下来，击落到地面，并且扬起一小堆灰尘。

两个手执滴漏计时的学生大声喊道："时间相同，没有丝毫的差别！"

人群立刻轰动起来，无论如何，这么多人的眼睛都看到了一个事实——两个铁球同时落地。

"的确啊，是两个同时落地的。"

"我们大家都亲眼看见了，是相同的时间啊。"

"对，不会错的，我们只听到一个落地的声音，说明一定是同时的，不会有错。"

伽利略从斜塔上走下来，他的两个学生过来向他祝贺："老师，祝贺您，您的实验成功了！"

"老师，我感到很光荣，能为您效力，并且亲眼看到您的成功。"

人群在慢慢散开，那几个站在群众中的教授早已经走了，他们并不想让伽利略看到他们的疑惑，也不想就此承认自己的错误。

46. 哈维受筑水坝启发撰写《心血运动》

公元前 5 世纪，古希腊恩培多克勒首次提出了血液流进流出说，并指出心脏是人体的中心。但由于没有科学的论证和实验验证，所以尚未得到大众的认可。

公元 2 世纪，古代最伟大的医学家、解剖学家盖伦则认为，血液在活机体内是流动的，血液产生于肝脏，存在于静脉之中进入右心室后由室壁渗透流入左心室，经过全身并在周身耗尽。他的权威地位，使他不正确的血液流动说持续了一千多年。

直到 16 世纪，意大利的达·芬奇才首次对盖伦学说提出异议，他经过对 70 多具人尸体解剖后得知，心脏是四腔而不是盖伦所说的两腔。

1543 年，意大利维萨里在《人体的构造》一书中第一次用系统的人体解剖事实揭示了人体的结构，为人体血液流动学说的研究提供了解剖学的基础。

16 世纪，西班牙生理学家塞尔维特发现，血液从右心室流到肺，再由肺送回左心室的循环过程。

英国医生哈维就出生在 16 世纪对血液循环众说纷纭的时代。

哈维 16 岁就读于剑桥大学，读书时得了一场病，当时请来的医生用流行的"放血法"治疗，即割开右臂上的静脉血管放出一点血来，包扎好。经几次放血治疗，病果然好了。虽然哈维并不相信"放血法"，但通过这次偶然治病的机会，却使他知道血在体内是流动的。但是，究竟是怎样流动的？原动力又来自何处？这一系列问题，便成了他终身研究的课题。

哈维首先研究了当时主要学者的一些观点：食物在心脏内转变成血液；心脏给血液加热；动脉里充满了空气；心脏产生"元气"；静脉血和动脉血都有涨有落，它们有时流入心脏，有时从心脏流出。

一次偶然的机会启发了哈维的研究。一天雨过之后，他偶然发现几个小孩子在街上的"小溪"筑起小坝拦水玩。一会儿，坝的"上游"水越积越多，"下游"却干涸了。这种儿童游戏使哈维受到启发：用这种方法研究血液流动的情况不是很好吗？于是他用绳子扎住动物的动脉，结果在血管的"上游"即离心脏近的部位，血管鼓了起来，而"下游"即离心脏远的部位，血管瘪了下去。将绳子放开后，血管又恢复了正常。用同样的方法结扎静脉血管，正好鼓起和瘪下的地方与结扎动脉时的情况相反，这就使哈维对血液的流向有了一个大致的了解。

如想弄清血液的原动力，就需要解剖尸体加以研究。可是，解剖尸体是当时宗教所绝对禁止的。没有办法，哈维只有去盗尸，加以研究。但是到哪里去寻找尸体呢？哈维的朋友说："巴黎郊外离法国总监狱不远有一片荒地，是官方处决犯人的刑场，我们可以到那里去试试运气。"

于是哈维和几个朋友，在一大夜里来到嵩嵩的绞架下，绞架上挂着一具具犯人的尸体，空气中弥漫着令人恶心的尸臭，景象使人毛骨悚然。但是这些并不能妨碍哈维的工作，他和朋友们迅速解下尸体，装入布袋，放入马车，驶回城中。

通过解剖尸体哈维终于弄清了心脏是血的原动力产生之地。

经过 30 多年的研究，威廉·哈维终于在 1628 年发表了《心血运动》这部"生理学史上最重要的名著"，为医学作出了划时代的贡献。他在这部名著中提出了著名的血液循环流动说，其要点是：人体内的血液不停地通过一个闭合的血管循环体系，使血液流动的力量是由心脏提供的。

血液循环说的意义不但在于直接应用，更重要的还在于使人们对人体的工作原理有了一个正确的、基本的了解，它是现代生理学的起点。

哈维的血液循环说著作发表以后，虽然在欧美名声大噪，但当时并未得到普遍承认。他死后四年即 1661 年，意大利马尔比基用显微镜发现毛细血管之后，哈维的学说才得到普遍的承认。科学和事实终于战胜了无知和偏见。

47. 开普勒的天文学贡献

1560 年，天文学家预告 8 月 21 日将有日食发生。正在大学读书的丹麦人第谷对那些天文学家的神机妙算很是佩服，从此之后，他一直坚持不懈地进行天象观测和研究。1600 年，第谷由于身体原因，再也不能爬起来工作了，因此急忙从德国招来一个青年继承他的事业，这个幸运的年轻人就是开普勒。

1601 年，第谷老人身体彻底不行了。那天他费力地睁开眼睛，对守护在他身边的开普勒说："我这一辈子没有别的企求，就是想观察记录一千颗星，但是现在看来已不可能了，我一共才记录了 750 颗。这些资料就全部留给你吧，你要将它编成一张星表，以供后人使用。为了感谢支持过我们的国王，这星表就以他的名字，尊敬的鲁道夫来命名吧。"

第谷让开普勒更凑近些："不过你必须答应我一件事。你看，这一百多年来人们对天体运行以及天文现象的解释众说纷纭，各有体系。我知道你也有你的体系，这个我都不管。但是你在编制星表和著书时，必须按照我的体系来。"开普勒心中突然像被什么东西敲击了一下，但他还是含着眼泪答应了老人的请求。老人听见了他的承诺便溘然长逝。开普勒痛哭流涕，并暗暗发誓，一定要完成第谷生前的愿望。

在第谷工作的基础上，开普勒经过大量的计算，编制成《鲁道夫星表》，表中列出了 1005 颗恒星的位置。这个星表比当时的其他星表要精确得多，几乎没有改变地一直流传到今天。后来，开普勒经过长期坚持不懈的努力，终于提出了开普勒定律，使那杂乱的行星们，顿时在人们眼里显得井然有序起来。开普勒后来被人们誉为"天空的立法者"。

牛顿说，自己是站在巨人的肩膀上才获得了成功。开普勒同样也是这样。

48. 哈雷发现彗星周期

1682 年，英国天文学家哈雷正在进行南天观测，天空中突然出现了一颗巨大的彗星。

当人们都茫然失措、心中充满着无尽的恐惧时，哈雷却连夜对这个一生中差不多只能见到一次的怪物进行观察，获得了更直接更详细的观察资料。哈雷一直有一种直觉——他正在研究中的 3 颗彗星应该是同一颗，但找不到十分可信的证据。

在 1684 年春天的一个晚上，哈雷躺在床上思考着彗星的问题，不知不觉就睡着了。迷迷糊糊之中，哈雷突然看见那三颗彗星像三个小人一样蹦蹦跳跳地走到他的面前，一边走似乎还在一边哼着歌。快到眼前的时候，三个小人突然站住不动了，并且迅速排成一排，忽然又快速变成一个三角形。

哈雷醒来后，梦中的三个小人一直在脑海中盘旋，那个清晰的三角形，印象是那么深刻。于是，哈雷立刻把彗星出现的年份按三角形排列出来，顿时惊呼道："我终于发现了，我发现彗星的规律了。"原来，三个年份 1531，1607，1682 分别间隔了 76 年和 75 年。为了证实梦中启发的规律，哈雷又开始分析更早的彗星历史资料，果然又发现每隔 75 或 76 年就有一颗明亮的大彗星出现。

1720 年，哈雷正式公开宣布自己的发现：人们于 1682 年观测观察到的那颗大彗星，实际上就是 1607 年出现的彗星的又一次回归。最后，他还预言：这颗彗星将于 1758 年底或 1759 年初重新出现在人们眼前。果然，1758 年 12 月 25 日，圣诞之夜，哈雷彗星如期而至……

哈雷的预言震动了整个欧洲，哈雷梦中的奇遇更让科学界的人们一直津津乐道。

49. 哈雷和牛顿互相求教

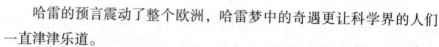

1684 年，年轻的天文学家哈雷去拜访牛顿。当时，哈雷在研究彗星轨道，他非常奇怪，为什么彗星的轨道是非常扁的椭圆形，与其他星体大不相同？

哈雷来到牛顿家中，发现在牛顿房间的墙上悬挂着一幅《太阳系图》，图的中间是太阳，四周画着水星、金星、地球、火星、木星、土星六大行星，以及它们绕着太阳公转的轨道。有的行星旁边还画着卫星。这就是当时人们所能够知道的太阳系的全体成员。牛顿热情地欢迎他："我很高兴见到您。我正有个困惑的问题要向您求教呢！"哈雷吃了一惊：大名鼎鼎的牛顿竟会向我求教？他恭敬地站着说道：

"尊敬的牛顿先生，我是因彗星的问题来向您求教的。我怎么能解答您感到困惑的问题！"

"你在研究彗星？很好！不过我想我们还是先谈谈行星吧。我们已经知道，行星都是围绕太阳公转的。"牛顿指着墙上的《太阳系图》说，"不过我们仍然不了解，为什么行星不会脱离太阳，飞往更遥远的空间呢？"哈雷心想，这个问题很简单啊，便说这可以用牛顿的万有引力理论解释。"那么，"牛顿又说，"太阳为什么不把行星吸引到自己身上，也像地球吸引苹果一样呢？"哈雷沉思了一会儿，摇了摇头。

最后，他们把话题转到彗星上面。牛顿说："哈雷先生，请您再想一想，您所要研究的彗星，不也是太阳吸引过来的吗？可是它并不会跌到太阳上面去，而也有它自己的轨道。我们能不能算出它的轨道呢？"牛顿的话虽然没有直接解答哈雷提出的问题，但是给了哈雷很大的启发。从此以后，哈雷便全身心地投入到引力问题的研究之中，进行了种种复杂的计算。他后来的研究，对牛顿也有所启发和帮助。

哈雷是一个虔诚的基督教教徒，而牛顿却因为发现了三大定律，而与哈雷的看法迥然不同。他们经常在一块辩论。

有一天，牛顿到哈雷家做客，发现哈雷的客厅里放着一个精美的太阳系模型。牛顿一眼就喜欢上了这个模型。这个模型实在是非常奇妙，只要用手一拉上面的拉杆，6大行星（当时只发现了6个大行星）便开始自转，并且绕日公转。牛顿对这个模型有点爱不释手，问哈雷："这个太阳系模型是谁制造的呢？"哈雷想了想，回答道："它是自然存在的。"

"不可能。"牛顿反驳道，"这么奇妙的模型肯定是出自哪个能工巧匠之手，它怎么可能是自然存在的呢？"哈雷反问道："这个模型比起现实中的太阳系不知道要粗糙多少倍，你既然认定这个模型是出自能工巧匠之手，为什么就不相信现实中的太阳系出自一个更高智慧的生命之手呢？"

牛顿听了哈雷的问话之后，陷入了沉思。他想到自己的三大定律，并发现了一个问题：地球之所以能够绕日公转，那是因为太阳的引力与地球公转产生的离心力达到了平衡。但是，地球的公转要想启动，那么就必须首先给地球一个力，不然的话地球无法转动。在地球绕日公转之初，是谁给了地球这个力呢？牛顿百思不得其解，于是提出：现实的世界这样井井有条，是否真的存在一位无所不在的上帝？是否是上帝给了地球这个力呢？

后来，牛顿认为：上帝是宇宙运动的第一推动力。当然，现在看来，这个观点显然是错误的，但是牛顿的疑问，为天体物理学的发展奠定了基础。之后爱因斯坦的理论，以及大爆炸的理论，都得益于对这个问题的思考。

50. 罗蒙诺索夫发现金星上的大气

金星凌日的天象是十分罕见的，从 1882 年 12 月 6 日发生后，到 2004 年 6 月 8 日才再次出现，整个 20 世纪中没有发生过一次！所谓金星凌日，就是金星从地球与太阳之间经过，人们在地球上可见到一个小黑点徐徐穿过太阳表面。天文学中，往往把相隔时间最短的两次金星凌日现象分为一组，这两次凌日现象间隔 8 年，但两组之间的间隔却长达 100 多年。幸运的是，在 2012 年 6 月 6 日，我们将看到本世纪最后一次金星凌日！

1761 年的凌日观测过程中，俄国著名学者罗蒙诺索夫将望远镜对准太阳，仔细观察了金星在日面的移动现象，见到金星进入和离开日面的时候，日面圆边都会抖动一下，由此他意识到这是金星存在大气的表现，断言金星四面被大气包围着。他因而成为了第一个发现金星上有大气存在的人，这也是人类首次知道其他行星也有大气存在。

同时，一位名叫勒让提的法国天文学家为了观测金星凌日，不远万里来到印度。6月5日，他在印度洋上的一艘船上进行了观测。由于风浪较大，船晃动得非常厉害，他得到的观测资料没有任何科学价值。勒让提没有灰心丧气，他知道8年后还可以看到下一次凌日，于是就耐心地等待。终于，1769年6月3日到来了，可就在金星走进日面前的十几分钟，突然天上下起了大雨，把勒让提浇得像个落汤鸡。等雨停了，凌日也已结束了。这意外的打击使他心灰意冷，一度病倒在床，幸亏当地居民悉心照料，才使他逐渐好起来。1771年，当勒让提两手空空返回故土时，惊讶地发现亲属们已瓜分了他的财产，连科学院院士的位置也被他人补缺了。勒让提最后落了个一无所有的下场。

51. 脚夫沙普利发现了银河系的中心

现在，我们已经知道，太阳不是银河系的中心。但是，人们不知道的是，第一次明确提出科学依据，论证这个观点的，竟然是一名脚夫! 沙普利原是美国南方山里面的一名脚夫。由于纽约天文台搬到了沙普利的家乡，工作人员便长期包下沙普利的骡子，进行搬运工作。几年过去了，新的天文台建好了，沙普利也就留在天文台工作了。

一天，沙普利正在整理他拍的星空照片，突然，一个想法闯进了他的脑海。沙普利想，如果所有的星星都是同样亮的，那么我们看到的星星亮度的不同，就可以代表它和我们之间的距离不同。星星其实都是一样亮的吗? 当然不是。但幸运的是，星星数目巨大，所以从整体上说，星星是差不多亮的。基于这个想法，沙普利通过长期的观测，终于在1915年创立了造父视差法。根据这个方法，他测定了银河系内近百个球状星团的距离。*1917* 年，沙普利用威尔逊山天文台 *2.5* 米望远镜，研究当时已知的 *100* 个左右球状星团。他统计出，其中三分之一在人马座内，*90%* 以上位于以人马座为中心的半个天球上。于是他提出，各球状星团组成了银河系这个庞大的天体系统。这个系统的中心在人马座方向，太阳离这个中心约 *5* 万光年，所以太阳并不是银河系的中心。这一见解破除了把太阳看成银河系中心的传统观念，为建立银河系的正确图像跨出了革命性的一步。

从此，天文学家根据沙普利的研究成果，得出推论：银河系的中心有一个黑洞。因为在这个中心附近，我们可以观测到强烈的 X 射线辐射，而且红外辐射也特别强。一般来说，当物质高速旋转接近黑洞，即将被黑洞吞掉的时候，由于它运动的速度非常快，所以会辐射出强烈的 X 射线。

52. 达贡人通晓天文知识

据说，*20* 世纪 *30* 年代，一位法国科学家深入非洲的荒漠地带进行考察，发现了一个叫达贡的土著部落。这里很落后，人们还过着十分原始的生活。但是，就是这个落后的部族，却让法国科学家大吃了惊。达贡神话书《浅白狐》中说，达贡人的大神是阿玛神，他派霍英神来到地球创造世界。霍英神的船是从天狼星出发的，他的目的是把天狼星上存在的生命转移到地球上。

达贡人告诉法国科学家说：天狼星有两颗卫星，其中一颗叫"波"星（天狼 B 星在达贡人的土语中被称为"波"星），"波"星是所有星中最小但最重的星。当人类在地球上出现后不久，"波"星突然发生大爆炸，以后逐渐变暗，天狼星的颜色变化就与这次大爆炸有关。更令法国科学家惊讶的是，达贡人竟然知道天狼星的旋转周期是

50 年，并说还有一颗天狼 C 星，那是一颗纯水的星，比地球上的水要多得多，它的重量是天狼 B 星的四分之一，旋转周期也是 50 年。这些知识，让法国人惊讶不已。因为在当时，天文学家还没有发现这颗 C 星的存在！

据公认的资料记载，直到 19 世纪中叶，一位德国天文学家才发现，天狼星的运动呈有规律的波浪式变化。于是，他大胆假设天狼星应该还有一颗伴星，它们组成一个双星体系。不久，天文学家终于在天狼星的旁边找到了这颗伴星，它的亮度很低，人们的肉眼是无法看到的，天文学界将其称为天狼 B 星。

而土著人告诉科学家，这些知识都是他们一代一代传下来的。那就说明，他们在很早以前就已经有这样的知识了。那么，这些土著人的始祖们，又是从谁那里得到的这些知识呢？

53. 科幻作家克拉克发现静止轨道

1945 年 5 月，英国科幻作家克拉克在《无线电世界》杂志第 10 期发表文章，首次揭示了人类使用卫星进行通信的可能性。克拉克建议，利用一个位于与地球转速一样的轨道上的人造空间站，进行全球通信。

克拉克提出，在地球上空的一条特殊轨道上，等距离地部署 3 颗卫星，就可以组成全球通信网。他还提出，可以利用卫星，同时向几个地区转播节目。克拉克设想的依据是，他发现离地球 35860 千米的高空，有一个可使人造物体保持静止不动的地方，也就是说他找到了一条可使卫星相对于地球保持静止不动的特殊轨道，这条轨道现在被称作"静止轨道"或"克拉克轨道"。而这条轨道，其实是一个静止卫星的运行轨道。

静止卫星位于地球赤道的上空，环绕地球一周的时间为 23 小时 56 分 4 秒，与地球自转一周的时间恰好相等。从地面上看去，它好像"挂"在空中一样一动不动，所以又称为"定点卫星"。由于"定点"和"静止"，地面站的天线就不必跟踪它而整天摇头摆尾了。

克拉克提出，在地球的静止轨道上，间隔 120° 均匀放置 3 颗同样的卫星，每一颗同步卫星的信号，覆盖面积为 1.7 亿平方千米，约为地球表面的三分之一。覆盖面积大，意味着通信距离远。在覆盖区内，无论是地面还是天空，也无论是海上还是山谷，都能够进行通信。如果在地球同步轨道上均匀布置三至四颗通信卫星，便可实现除南、北两极之外的全球通信了。

现在，地球静止轨道上有着数百颗卫星，它们中至少有一百多颗正在忙碌地工作着。电报、电话、广播和因特网，均可通过地球静止轨道卫星传播。这一切成就，都要归功于克拉克的伟大建议！

54. 贝尔小姐发现中子星

1967 年 8 月的一天，剑桥射电天文台，专门负责检查设备的贝尔小姐发现了一个十分奇异的射电信号：它与以前天文学家所了解的由太阳大气所引发的信号根本不同，它的脉冲短促，按当时的记录速度，很难辨别它的周期。贝尔小姐立刻向负责人汇报了这个发现。研究所的所有专家们开会讨论，这会是什么信号呢？

绝大多数的专家判断，这或许是地面上电气设备的干扰信号吧！但无论如何，当时的负责人还是决定加强监测，并调快了自记纸张的运行速度，希望弄清这个奇异的射电信号的周期。到 9 月份，一切都准备就绪时，神秘的射电信号却失踪了。

1967 年 11 月，该射电望远镜再次收到了来自太空的射电信号。

当贝尔小姐将第一份高速记录纸带送给负责人海威斯先生过目时，海威斯先生竟惊异得目瞪口呆：神秘的信号源发来的是间隔约1.33秒的短周期脉冲无线电波。科学家更加惊奇地发现，这些无线电波的间隔非常一致，精度不低于百万分之一秒，是一座相当准确的天文"时钟"。这说明，它很有可能是外星的智慧生物发出的联络信号！

消息很快传遍了整个世界，全世界绝大多数天文学家都处于一种紧张、亢奋的状态之中。随着各国天文学家的共同努力，迅速排除了是智慧生物的联络信号的可能性。此后的研究证实了，这些无线电信号来自理论天文学家预言过的，过去未发现的中子星。中子星的磁场强度可以达到普通恒星磁场强度的100亿倍。极高的密度，难以想象的飞快自转，超乎寻常的磁场强度，是中子星的基本特点，也是它能发射奇异射电信号的主要因素。

中子星的发现，大大开拓了人们的宇宙视野。

55. 谢尔顿观测到超新星爆发

超新星在古代又被称为"客星"，意思是这是一颗"前来做客"的恒星。有时候，当你遥望星空，可能会惊奇地发现：在某一星区，出现了一颗从来没有见过的明亮星星！然而仅仅过了几个月甚至几天，它又渐渐消失了。不用怀疑，你看到的这颗明亮的星星就是超新星！

看到超新星容易，但是观测到超新星爆发场面，却是需要非常幸运的机会。智利一座天文台的技术人员谢尔顿，就是这样一位幸运的人。1987年2月24日凌晨，他注意到，在一个星云附近，有一团气云特别亮。当时，他并没有太重视这件事。当天早晨，他对这个星云做常规巡视。当他用望远镜进行照相时，却发现了惊人的结果：冲洗出的底片上出现了一个巨大的亮点，按常规该亮点是完全不应该出现的。

谢尔顿惊呆了，如果不是照相仪器上有了瑕疵，就一定是在星云附近发生了新事件。他急忙走出户外，仰视黎明前的天空，一点没有错，在星云所在天区的中央，出现了一颗前所未见的明亮的新星。谢尔顿自信发现了一个重大天象，于是向同事指出了自己的发现。大家一致认为，他见到的是一颗距离大约为 17 万光年的超新星爆发。谢尔顿马上向国际天文学联合会发了紧急电报，立即在天文界引起了轰动。

这颗被命名为 SN1987A 的超新星，只能在南半球看到。根据天文学家的解释，超新星爆发发生在一个质量极大的恒星（叫做超巨星）的一生中的最后阶段。在爆发后的一定时间里，它所发出的光比它所在星系内其余恒星发出的光的总和还要多。超新星的爆发是天体演化的重要环节，它是老年恒星辉煌的葬礼，同时又是新生恒星的推动者。

56. 瓦特发明雷达的故事

1940 年 9 月 15 日，疯狂的希特勒集中 500 架德国飞机偷袭伦敦，企图让这座著名的城市从地图上消逝。可是，德国法西斯的飞机还没有进入英国领空，就遭到英国歼击机和地面炮火的攻击，结果有 105 架飞机被击落。

原来，英国之所以能早早地发现敌机，是因为他们当时已经发明了雷达。这应归功于物理学家罗伯特·沃特森·瓦特。因为雷达是他发明的。

1934 年的一天，沃特森·瓦特在实验室观看荧光屏上的图像时，突然发现图像中出现了一连串的亮点。经过反复地实验，发现那是距实验室不远的一座高楼反射回来的电波信号。这一意外发现使沃特森·瓦特想到：既然近处的高楼能反射电波，那么更远的东西是否也能反射电波？如果可以，那不就可以从荧光屏上及时发现入侵的敌机吗？

117

在英国皇家司令部的支持下，他试制成了电波发射装置和接收电波的装置。经试验，飞机在 12 公里以内起飞后，发射出去的电波碰上了飞机后迅速反射回来，发现了目标。半年后，雷达更加完善了，外来信号在屏幕上能直接以光带的形式出现。这样，飞机的高度与距离就一目了然，并且能发现 160 公里内，高度 5000 米的飞机。世界上第一部雷达诞生了。

57．年轻的阿披脱发明罐头

200 多年前的一天，法国街头贴出一张悬赏的布告：谁能研究出一种可以久藏远运水果和蔬菜的方法，便可得 1.2 万法郎奖金。

有个叫阿披脱的年轻人，看到这张布告后，兴冲冲地买回许多蔬菜和水果，开始了研究。开始几次实验都以失败告终，有一天晚上，阿披脱看见妻子为防止剩菜变馊，又重新煮一次。于是心头一亮想出了办法。他把新鲜蔬菜放进玻璃瓶中，再用开水煮一会，冷却后，用麻布将瓶子裹严密。最后放在常温下保存。两个月后，阿披脱取出食物试着品尝了一口，"嗨！真好吃。"他终于成功了。

58．斯开夫的"凶器"原是照相机

照相机是我们生活中的好伙伴，能帮助我们留下瞬间的美好回忆，但它的发明经历了很长时间，其中还有很有趣的故事。

18 世纪以前，无论是"小孔成像"还是"摄影暗箱"，它们虽具有照相机的某些特性，但因不能将图像记录下来，仍不能称为照相机。

18 世纪中期，人们发现了感光材料，这给照相机的问世注入了有效的催化剂。人们在"摄影暗箱"上装上感光片，照相机诞生了。

初期的照相机体积庞大，十分笨重且不便携带。为了照相，就像受罚一样，要端端正正地坐好长时间，使那些养尊处优的先生小姐们要受一阵苦。

对于照相机这种新生事物，曾有一批靠画肖像画为生的画家联名上书政府要求取缔照相术。他们的理由十分简单：怕摄影师抢走他们的饭碗。

1858 年，英国人斯开夫发明了一种手枪式胶版照相机。由于镜头的有效光圈大，所以只要扣动扳机就能拍摄。一次，维多利亚女王在宫廷内召开盛大宴会，邀请各国使节。斯开夫作为新闻记者也到了场。当他拿出照相机对准女王拍照时，蜂拥而上的警卫将他扑倒，会场顿时大乱。原来，他们以为斯开夫要用"手枪"谋杀女王。后来才知道，"凶器"原来是照相机。

之后，随着感光材料及摄影技术的进一步发展，照相机不断地得到完善。科学的发展是没有止境的。将来，一定会有更令人称奇的照相机问世！

59. 卢诺尔曼由小鸟飞翔联想发明降落伞

降落伞大家都很熟悉，在军事、体育和民用方面都有很广泛的用途。是谁发明了它呢？这个荣誉应当归于法国的卢诺尔曼。

卢诺尔曼从小就富于幻想，常常冒出不可思议的念头。少年时，他常和小伙伴们到家附近的一座高塔上玩，在那度过了许多美好的时光。

"要是我能像小鸟那样，用翅膀翱翔多好！那就可以从塔顶飞到地上，用不着慢吞吞地下楼梯了。"他和小伙伴们叽叽喳喳地议论着。

长大后，那个想"飞"的梦想一直萦绕着他。于是他开始搜集资料。一次，他看到一篇小说，讲述了主人公从高层城堡越狱时，把两条被单的角系在一起，然后两手抓住被单的两端，利用风力的托举缓缓落地。这给了他很大的启发。

他根据这个故事所讲的，经过反复揣摩，设计出了第一顶降落伞，并决定到高塔上试降。

当天，闻讯而来的人们将高塔围得水泄不通，很多人都替他担心。为了安全起见，卢诺尔曼先把一块和他自己体重差不多的石头绑在降落伞上，然后将它们扔下。石头坠着像盛开的鲜花似的降落伞，缓缓地落在地上。

这大大地增强了卢诺尔曼的信心。他决定亲自"飞"下来。

只见他双手紧紧抓住降落伞的底绳，轻轻地纵身向塔外一跳，他真的像小鸟一样悠悠地飞翔着，慢慢地安全降落在地上。

"成功了！"卢诺尔曼兴奋地大叫起来，周围的人们也齐声为他喝彩。

如今，这朵绽放在天空中的花朵越来越为人们熟悉和喜爱。

60. 开普勒发现行星三定律

开普勒在幼年的时候，体弱多病。他十二岁时，进入修道院学习。1578 年，在大学校园中遇到秘密宣传哥白尼学说的天文学教授麦斯特林。在麦斯特林的影响下，开普勒成为哥白尼学说的忠实维护者。1594 年，他去奥地利格拉茨的一所高级中学担任数学教师。在那里，他开始研究天文学。

当时，还没有高倍望远镜。为了能够准确地观测到天体运动，开普勒自己亲自动手，制作了一架高倍清晰的望远镜。虽然他视力不佳，但是，他坚持每天观测天象，从来没有放弃过。同时，他还坚持做观测记录，并对观测记录进行分析研究。

1604 年 9 月 30 日，开普勒在"蛇夫座"的附近，发现了一颗新的星体。这颗星体，在最亮的时候，比木星还要亮。出于一种敏感，对这颗新的星体，开普勒进行了长达十七个月的追踪观测，然后发表了他的观测结果。这颗新星，在历史上被称为开普勒新星，这实际上是一颗银河系内的超新星。1607 年，开普勒观测到了一颗更大的彗星，这就是后来有名的哈雷彗星。

开普勒不但自己亲自观测天体，还对前人留下的各种天文学资料进行分析、研究。开普勒经过反复推算，他发现了"火星沿着椭圆形轨道绕太阳运行，太阳处于焦点之一的位置"这一定律。

接着，他又发现，虽然火星运行的速度是不均匀的，但是，从任何一点开始，在单位时间内，它的向径扫过的面积却是不变的，即"行星的向径，在相等时间内扫过相等的面积。"

1612 年，开普勒在观测及研究中，又发现了，"行星公转周期的平方等于轨道半长轴的立方。"

开普勒的这三大发现，就是有名的"开普勒三定律"。这三大定律，对于天文学和物理学，都是一场伟大的革命。

然而，开普勒虽然对天文学作出了卓越的贡献，可是，他的一生却是在极端艰难贫困的条件下度过的。1630 年，他有几个月都没得到薪俸，经济很困难，他不得不亲自前往雷根斯堡索取。到那里后，他突然发烧，几天后就于贫病交加中去世。

61. 布鲁诺因提出宇宙无限思想

意大利人布鲁诺自幼好学，本来是个虔诚的天主教徒，一接触到哥白尼的《天体运行论》，便摒弃了宗教思想，只承认科学真理，并为之奋斗终生。而且，他大大丰富和发展了哥白尼学说，提出了宇宙无限的思想：宇宙是统一的、物质的、无限的和永恒的。在太阳系以外，有以无数计的天体世界。人类所看到的只是无限宇宙中极为渺小的一部分，地球只不过是无限宇宙中一粒小小的尘埃。布鲁诺指出，千千万万颗恒星都如同太阳那样巨大而炽热，它们的周围也有许多像我们地球这样的行星，行星周围又有许多卫星……

由于宣传这些在当时人们看来非常异端的天文知识，布鲁诺成了宗教的叛逆，不得不长期在欧洲各国逃亡。1592 年初，布鲁诺落入了教会的圈套，被捕入狱。

在宗教裁判所里，教会向他许诺："只要你公开宣布放弃日心说，就免你一死，并且给你足够的生活费安度晚年。"布鲁诺说："你们不要白费力气了，我是不会为了讨好罗马教皇而说谎的。"此后，布鲁诺度过了长达八年的监禁生活，其间受尽折磨，并最终被判处火刑。

布鲁诺被绑在罗马鲜花广场中央的火刑柱上，到了这时，他仍然没有屈服。行刑前，布鲁诺庄严地宣布："黑暗即将过去，黎明即将来临，真理终将战胜邪恶！"52 岁的布鲁诺在熊熊烈火中英勇就义。

随着科学的发展，布鲁诺的学说被证明是正确的。到了 1889 年，罗马宗教法庭不得不亲自出马，为布鲁诺平反并恢复名誉。同年 6 月 9 日，在布鲁诺殉难的罗马鲜花广场上，人们竖立起他的铜像，以作为对这位为真理而斗争、宁死不屈的伟大科学家的永久纪念。

62. 伽利略第一次尝试测量光速

对于现代天文学来说，光速是最为基础的测量单位。我们现在都知道，光速是有固定数值的，但光的速度是不是一个有限值，这在历史上曾是一个引起巨大争议的问题。1607 年，伽利略第一次尝试测量光速。一天夜里，他和助手分别站在两个山头上，每人拿一盏灯，灯有开关。伽利略在某个时刻打开灯，并开始计时，助手看到灯光后马上打开自己的灯。当伽利略看到对方的灯光时，就停止计时。伽利略试图测出从他开灯到他看到助手开灯之间的时差，从而算出光速。但是因为光的传播速度实在太快，这个实验失败了。我们现在知道，光速很快，1/7秒能绕地球一周多，靠当时的条件，用伽利略的方法测光速，是难以实现的。于是，人们把测光速的场地移到了太空。

在伽利略去世后约30年，1676年，丹麦人罗麦指出光速是有限的。罗麦在对木星的观测中发现，卫星由于木星的遮掩造成的卫星食，周期有些不规则。它随着木星和地球之间距离的不同而变长或变短。罗麦认识到这是由于在长短不同的路程上，光线传播需要不同时间。

1862年，法国科学家傅科发明了旋转平面镜的测量方法，利用光线的反射，通过调整平面镜的速度，就能测算出光的速度。迈克尔逊继承了傅科的实验思想，改良了傅科的测量方法，通过旋转八面棱镜法，测得光速为299796千米/秒。

爱因斯坦说过，物体运动速度越接近光速，相对于别的物质来说，它的时间流逝得就越慢。一旦物质的运行速度等于光速，时间就会停止流逝。当然，理论上说，要是真的超过光速了，这个物质的时间就会出现倒流。但是现在，科学家还不能实现超光速。

63. 高斯8岁发现求等差级数和

高斯（1777～1855），德国数学家、物理学家和天文学家。早期研究数论，著有《算术》一书。此外还有关于向量分析的高斯定理、代数基本定理的证明、质数定理的验算等研究成果。

德国著名的科学家高斯的故乡在德国的布劳恩什维格，他的家境贫寒，祖父是个老实厚道的农民，父亲靠给人打短工来维持一家人的生活。后来，他靠念过几天书当上了杂货店的算账先生。

尚在幼年的高斯就表现出极高的数学天赋。有个晚上，父亲结算店里伙计的工钱，费了好大劲才算出来。一直在旁边看着父亲算账的高斯却说：

"爸爸，你算错了。"

父亲有些不相信，又认真地算了一遍，才知道真的错了。父亲觉得奇怪，谁也没有教过他算术啊？

高斯小时候跟着父母住在农村，在附近的小学里念书。

学校的算术老师是从城里来的，他觉得跑到这么一个穷乡僻壤来教这些农村孩子，真是大材小用，委屈得不得了。

他认为穷人的孩子都是天生的笨蛋，教这样的孩子根本用不着认真。所以，他经常训斥学生，动不动就用鞭子惩罚他们。

有一天，这位老师情绪特别不好，他的脸拉得很长，一副不高兴的样子。同学们都害怕起来，不知道谁又会受到打骂。

老师站到讲台上，像军官下命令一样绷着脸说：

"今天，你们给我算 1 加 2 加 3，一直加到 100 的和。谁算不出来，就不准回家吃饭，直到算出来为止。"说完就坐在椅子上，看他的小说。

老师坐下不久，高斯拿着小石板来到老师面前说："老师，答案是不是这样？"

老师头也不抬，看也不看，挥手说："去！回去继续算，错了！"

高斯站着不走，把小石板往前一伸说："老师，我想这个答案是对的。"

老师正想发脾气，可是，一看小石板上却端端正正地写着"5050"。

他大吃一惊，因为他算过答案的确是"5050"。这个 8 岁的孩子，怎么这么快就算出了正确的答案？

原来高斯不是按着 1、2、3 的方法依次往上加的。他发现一头一尾按次序两个数相加，和都是一样的。1 加 100 是 101，2 加 99 是 101，直到 50 加 51 也是 101，一共有 50 个 101，用 50 乘 101，就是 5050 了。

他用的方法，就是古代数学家经过长期努力才找出来的求等差级数的和的方法。

高斯的发现，使老师震动很大，他痛感自己看不起穷人的孩子是完全错误的。

此后，他认真备课，努力教学，还从汉堡买了书桌，高高兴兴地送给高斯。

高斯在对各方面知识的执著追求，使他在数学、物理学及天文学方面都取得了一定的成就，成为世界著名的科学家。

64. 自学成才的化学家戴维

戴维（1778～1829），19 世纪初英国最引人注目的化学家。他发现了 37 种元素。以他名字命名的戴维奖章是英国科学界的最高荣誉奖章。

在迈克山山脚下，有一座依山傍海，风景秀丽的小镇，它就是英国康沃尔郡的彭赞斯镇。每个清晨，小镇上袅袅升起的炊烟和山上的雾气融在一起，好似轻纱罩着这块绿色的宝石。

这里就是化学家戴维的故乡，他的父亲是小镇上的一个木匠。

戴维 17 岁时，在外科医生波拉斯的诊所做学徒。这时，他才意识到自己荒废了许多时间，于是，他下决心努力自学。

白天，他帮助医生配药，晚上，就钻进书堆看书。他喜欢化学，一本本的化学书都被他仔细地读过。有时候，他找来瓶子、罐子在实验室里做实验。

戴维通过刻苦学习，积累了丰富的化学知识，成了远近闻名的小化学家。

1798 年，他应邀到牛津大学化学教授贝多斯新建的"气体研究所"工作。

这里的工作条件相当好，戴维全身心地投入到研究工作中。几天之后，他便制备了许多瓶一氧化氮气体。

一天，贝多斯来视察实验的进展情况。他看到才几天功夫，戴维就制备了这么多的气体，十分高兴。

突然，他的一只脚不小心碰倒了一个大铁架子。只听见一声巨响，一只只瓶子摔得粉碎。铁架子把贝多斯的脚划开一条大口子，鲜血直流。

戴维还没回过神来，只见贝多斯双手捂着头，哈哈大笑起来。戴维莫名其妙，咦！怎么了？一向严肃的教授怎么会狂笑不止呢？

他刚想伸手去拉贝多斯，没想到自己也大笑起来。实验室里两个人像竞赛似的，狂笑不止。

周围的人都感到疑惑不解，纷纷跑来观看，过了一会儿，两人终于止住了笑声，两人都很纳闷，为什么会这样呢？

"奇怪，不知道为什么刚才我怎么也无法控制自己发笑，而且流血的伤口一点也不疼。"教授说道。

"教授，我和您一样，也许是瓶子里的气体在作怪吧？"戴维说。

戴维为了验证自己的判断，又制备了好多瓶一氧化二氮气体备用。

一天，他牙疼得十分厉害，牙科医生说要拔掉坏牙才行。戴维没办法，只好答应拔牙。

当时，医学还没有现在这样发达，也没有麻醉药品。牙拔掉了，可戴维疼得坐卧不宁，他躺在椅子上呻吟着。

突然他想到那天发生的事。于是，他立刻取来备用的一氧化二氮气体，用力吸了几口，慢慢地牙疼减轻了，可是他还是忍不住哈哈大笑起来。

戴维终于证实了这种气体有麻醉作用，同时又能引人发笑，他把这种气体称作"笑气"。"笑气"的发现使病人开刀时的痛苦大大减轻了。

戴维发现笑气以后，立刻名扬欧洲。

65. 斯蒂文森由小火工到工程师

斯蒂文森（1781~1848），英国发明家。1825 年他成功设计了奔跑式蒸汽机车，从此，火车登上了历史舞台。

在英格兰北部，有许多小煤矿，那里的采矿业比较发达，但矿工的收入却微乎其微。1781 年 4 月 13 日，蒸汽机司炉工家迎来了一个新的生命，这个刚出生的婴儿就是斯蒂文森。

新生命的到来并没有给这个贫困的家庭带来多少欢乐，因为对于父亲来说，无疑是又增添了一份负担。全家 8 口人的生活仅靠一点微薄的工资远远不够。

冬天，寒冷的北风从满是窟窿的木板墙吹进来，屋子里冷得像个冰窖。

吃的东西更是少得可怜，一群嗷嗷待哺的孩子个个瘦得皮包骨头，每天能吃上一顿饱饭是他们最大的愿望。

家庭的极度贫困使斯蒂文森失去了读书的机会，但是他心中渴求知识的火焰，却从未熄灭。

　　由于父亲工作忙，不能按时回家吃饭，所以小斯蒂文森常常去煤矿给父亲送饭。每次去时，他都要认真地观察巨大的蒸汽机。他站在锅炉旁，望着熊熊燃烧的炉火，看到飞快旋转的飞轮和深井里汩汩涌出的地下水，简直入了神。

　　有时候，他还会围着蒸汽机转几圈，一边走一边记下蒸汽机的各个部件，像锅炉、汽缸、飞轮等。

　　他常想，自己以后长大了，也要当个司炉工，操纵蒸汽机。

　　时光飞逝，14岁的斯蒂文森随父亲到煤矿当了见习司炉工。老板给他的任务是为机器添油。

　　在这儿工作并不轻松，蒸汽机发出的巨大的声音可以使人的耳膜疼痛。煤烟、煤灰经常让人流泪不止。加油时，稍不留意便会弄得一身油污。

　　工作一天下来，斯蒂文森常常是满身油污，一张白皙的脸脏得面目全非。

　　虽然这样，他并不觉得苦，因为他可以终日和蒸汽机为伴了。

　　望着炉膛里呼呼直蹿的火苗，听到机器的轰鸣声，他高兴极了，虽然累得满头大汗，但他一刻也不肯休息。

　　兴趣是最好的老师。可是要弄清蒸汽机的工作原理，对于一个目不识丁的文盲来说，是不可能的。斯蒂文森决定从头学习。

　　他白天做工，晚上便夹着书本去矿里上夜校。平时，他的口袋里总装着书，只要有空闲，就拿出书来如饥似渴地学习。

　　几年的刻苦攻读，他很快掌握了许多科学知识，扔掉了文盲的帽子。

　　特别是有关蒸汽机的专业理论知识，他记得特别牢固，对当时矿里各种机器的性能，他都能了若指掌。

　　一天，煤矿里一台重要的蒸汽机出了毛病。机械师们忙了半天，也没找到毛病。胖胖的矿主气得破口大骂：

"你们这群废物，平时吃矿里的喝矿里的，可机器坏了却不会修！"

这时，斯蒂文森站了出来，"先生，您是否愿意让我试试看？"

矿主生怕机器坏久了，损失太大，就点了点头。

机械师们一看原来是小火工斯蒂文森，都笑了，并说起了风凉话：

"喂，小火工，你只配给机器添油。我们几个都没有办法，别自不量力。"

斯蒂文森装着没听见，他开始干了起来。

他小心地将零部件一一拆下来，把它们用纱布擦干净，然后凭着对蒸汽机的了解，找出了出故障的零件，然后熟练地将所有零件安装好。

忙了大半天，斯蒂文森站起来用毛巾擦了擦汗，然后对矿主说："机器修好了，请试车吧！"

一开车，庞大的机器果然轰隆隆地转动起来。矿主高兴极了。旁边的几个机械师个个呆若木鸡，面红耳赤。

不久，矿里便贴出了海报，宣布破格提升小火工斯蒂文森为工程师，此时斯蒂文森才29岁。

66. 焦耳发现物质转换与能量守恒定律

英国最伟大的物理学家之一焦耳，出生在一个酿酒商家庭里。他从小就跟着爸爸酿酒，没有进过学校。但是，焦耳小小年纪，却非常勤奋好学，虽然进不了学校读书，他仍然一边劳动一边认字。十六岁时，焦耳和兄弟一起跟随当时的著名化学家道尔顿学习。虽然他跟随道尔顿学习的时间并不长，但是道尔顿对他一生的影响却很大。道尔顿使焦耳对于科学研究产生了强烈的兴趣。

1838 年，焦耳把父亲的一间房子改装成了实验室，在这间实验室里，他开始了对电学以及热学的研究。他亲手设计、制作实验仪器，利用每天酿酒后的业余时间进行实验。他一生都在从事实验研究工作，在电磁学、热学、气体分子动理论等方面，都作出了卓越的贡献。焦耳完全是靠自学成为物理学家的。

从 1840 年开始，焦耳着手研究电流的热效应。在实验中，他发现：在导体中一定时间内所生成的热量，与导体的电流的二次方和电阻之积成正比。但是，由于焦耳只是一个酿酒师，他并没有进过真正的大学，所以，物理学界的科学家们都不相信他的实验结果。直到两年后，一位俄国著名物理学家也在实验中，得出了同样的结论，这证明焦耳的发现是正确的。这一发现为后来揭示电能、化学能、热能等打下了基础，敲开了通向物质能量守恒定律的大门。

从 1840 年到 1879 年，在将近四十年的时间里，焦耳不懈地钻研和测定了热功当量。他先后用不同的方法做了四百多次实验，发现了物质的能量守恒与转换定律，并为此提供了无可置疑的证据。

焦耳一生的科学研究道路是不平坦的。但是，他以百折不挠的精神，终于使自己的科学成果获得了科学界的公认。

67. 惠更斯发现光的波动

惠更斯从小热爱光学，他把大量的精力都放在了对光学的研究以及研制、改进光学仪器上。他曾经和哥哥一起改良了开普勒的望远镜。利用改良后的望远镜，惠更斯进行了大量的天文观测，发现了在土星的旁边有一个薄而平的圆环，而且它很倾向地球公转的轨道平面，从而解开了长期以来，困扰着科学家们的关于"土星的神秘光环"的谜。

此外，惠更斯一生对科学最大的贡献是他发现了光的波动现象。

在古代和中世纪的漫长岁月里，光一直都是哲学家和自然科学家们十分关心的问题。在十七世纪，科学家们曾经对光的本性问题进行过一次大讨论。

惠更斯当时在巴黎致力于光学的研究。在对光的观测、实验、研究的过程中，他发现大科学家牛顿的关于光的微粒学说存在着不合理的错误。于是，他公开反对了牛顿的关于光的学说。他说，如果光是微粒性的，那么，光在交叉的时候，就会因为发生碰撞而改变方向。而且如果要利用光的微粒学说来解释光的折射现象，将得到与实际情况相矛盾的结果。所以，惠更斯关于光的波动学说一提出来，立即得到了科学界的强烈反响，他建立了著名的惠更斯原理。

惠更斯原理是近代光学的一个重要基本理论。虽然它并不完善，也不能对某些光的现象进行解释，但是，他却推翻了科学家头脑中长期以来关于光的错误观念，为光的研究发展指出了一条正确的途径。

68. 道尔顿建立原子论

约翰·道尔顿是英国著名的物理学家、化学家。他出生在英国坎伯兰的一个贫困的乡村里，父亲是一名纺织工人。当时，正值第一次工业革命的初期，很多破产农民沦为雇佣工人。道尔顿的父亲也一样，他们家的生活十分困顿，道尔顿的弟弟和妹妹都因为饥饿和疾病而夭折。童年时期的道尔顿根本就没有读书的条件，他只是勉强接受了一点初等教育。十岁时，道尔顿去给一个富有的教士当仆役。也许这是命运赐予的一次机会，他在教士的家里，读了一些书，增长了很多知识。两年后，他被推举为村里小学的教师。

十五岁时，道尔顿随哥哥到外地谋生，他进入一所中学做教师。

在教学之余，他一边自学科学知识，一边进行实验观察，取得了一些成绩。后来，为了能够把大部分精力投入到科学研究中去，他离开了学校，开始在一些富人家里去做私人教师，每天教课时间不超过两小时。这样，既保证了他的生存，也保证了他的科研工作。

随着科学研究的进一步深入，道尔顿越来越重视对气体和气体混合物的研究。他认为，要说明气体的特性就必须知道气体的压力。在实验中，他找到两种容易分离的气体，分别测量了这两种气体各自的压力和混合后的压力。结果很有意思，在容积固定的容器中的气体的压力是不会变的，可是，混入第二种气体后，容器内的压力增加，它等于两种气体各自压力的和，两种气体单独的压力都没有改变。道尔顿由此发现，气体在容器中存在的状态与其他气体无关。

此外，道尔顿还建立了原子论。通过长期坚持不懈的实验，道尔顿发现，原子是组成化学元素的、非常微小、不可分割的物质微粒，在化学反应中它们保持本来的性质；同一种元素，所有原子的质量和其他性质完全相同；不同元素的原子具有不同的质量和不同的性质；原子的质量是每一种元素的原子的最根本特征。

道尔顿把他的发现公之于众之后，引起了科学界的广泛重视。他应邀去伦敦讲学，然后又回到曼彻斯特继续进行测量原子量的工作。在科学理论上，道尔顿的原子论是继拉瓦锡的氧化学说之后，理论化学的又一次重大进步。道尔顿揭示出了一切化学现象的本质都是原子运动，他明确了化学的研究对象，使化学真正成为一门具有重要意义的学科。同时，原子论的发现，还引发了哲学界的革命，它揭示了化学反应现象与本质的关系，继天体演化学说以后，又一次冲击了当时僵化的自然观，为科学方法论的发展、辩证自然观的形成，以及整个哲学认识论的发展具有重要意义。

69. 法拉第发现苯

迈克尔·法拉第出生在一个铁匠的家里。他的父亲体弱多病,铁匠铺维持不下去,只好卖给别人。为了维持生活,法拉第从十三岁时起,就开始在书店里当学徒。幸运的是,书店里到处都是书,这里是知识的海洋、智慧的源泉。在当学徒的八年时间里,每天晚上,将近三千个夜晚,他都把时间都用在了读书上了。书籍里面讲述的关于物理和光电方面的现象,把法拉第迷住了。他按照书本里面教的,自己也动手做实验。

他为了装备自己的小实验室,特地去药房,捡别人扔掉的瓶子,花半个便士买一点最便宜的药品。抱着拣来的、买来的东西,回到书店的阁楼上,他的心里乐开了花。每天下工以后,他就埋头在自己的小实验室里,点上一枝蜡烛,进行实验。

后来,他得到了一个机会,进入英国皇家学院,聆听当时著名的物理学家戴维的课。在法拉第一生的科学事业中,戴维给他留下了深刻的影响。

法拉第是科学史上,第一个发现苯的人。当时,伦敦整个城市,为了生产照明用的气体,也就是煤气,通常是把将鲸鱼或者鳕鱼的油,滴到已经加了温的炉子里面,用来产生煤气,然后再把这种气体加压,把它储存在容器中,供人使用。而在压缩气体的过程中,同时也产生了一种油状的液体。

对这种油状液体,法拉第深感兴趣。为了研究这种液体,他用了几乎五年的时间。为了从混合物中分离出他所想要得到的东西,法拉第设法弄到了数量相当可观的油状液体,他把这些液体细心地进行蒸馏。他反反复复地对这种液体进行提炼,最后分离出了一种新的碳氢化合物，这就是苯。法拉第不但发现了苯，还研究了苯的性质，测定了苯的组成，所以，发现苯的功劳应该归于他。此外，法拉第还在 *1831* 年，发现了电磁感应现象，预告了发电机的诞生，开创了电气化的新时代。法拉第毕生致力研究的科学理论——场的理论，也引起了物理学的革命。有一次，人们询问法拉第曾经的老师戴维，一生最重要的发现是什么，据说戴维回答道："我最伟大的发现是发现了一个人，他就是法拉第！"

70. 牛顿由苹果落地推出万有引力定律

牛顿从小对茫茫宇宙就非常感兴趣，他在研究天体运动时，一直都在苦苦思索着，要找到使太阳系所有行星都围绕太阳旋转的神秘力量。有一天，一件突然发生的小事，促使牛顿找到了问题的答案。

那是 *1666* 年秋季的一天，天气格外晴朗。牛顿和往常一样，早早地就来到沃斯索斯普村庄园的小花园里，一边晒着暖和的太阳，一边思索着天体运动法则的问题。他身后是一棵很大的苹果树，上面结满了红彤彤的大苹果，微风一吹，一阵阵沁人心脾的清香扑面而过，十分诱人。可是，牛顿对眼前的美景无动于衷，他没有去摘垂在眼前的大苹果，陷入了深深的思考之中……

"月球是人类最为熟悉，也是离我们最近的一个星球。如果天体运动的法则对任何星球都适用的话，只需弄明白地球和月球的运行关系，不就都明白了吗？可是，这个关系又是怎样的呢？

牛顿一面专心致志思考问题，一面晒着暖洋洋的太阳，不知不觉地打起盹来。忽然一阵风吹过，一个大苹果掉了下来，不偏不倚，恰好砸在牛顿的头上。

"啊！谁在打我？"牛顿从睡梦中惊醒，吓了一跳。他环顾四周，以为谁在打他，可是四周静悄悄的，一个人影也没有，只有果树的叶子在慢慢地晃着。于是牛顿没作理会，又低头思考起来。

"咦，一只大苹果。"

牛顿拾起脚边的一只大红苹果看了一会儿，又向上看着满树的苹果。"哦，原来是你们在捣蛋！"牛顿笑呵呵的对着苹果树说。

突然，牛顿像是想起来什么似的，愣愣地注视着手里的这个"天外来客"，若有所悟，并自言自语道："为什么苹果不往天上掉，不向前后左右掉，而偏偏落在树的正下方呢？"

这个时候，牛顿的妹妹哈娜走过来，看到他手里的大苹果，便说："哥哥真馋，竟偷吃苹果！"

牛顿根本不理会哈娜的话，又继续说着："这难道和星体运动有关系？"

哈娜见哥哥不理她，便生气地说："怎么啦？哥哥，苹果可不会说话呀？"

牛顿转过头，一本正经地说："我在想，苹果和月球有什么关系呢？"

哈娜听后，哈哈大笑，说："这有什么好想的？本来就没有什么关系嘛，你可真是想呆了。"

牛顿却没有笑。

"他们的确不一样，我刚才在这里睡着了，这个苹果掉下来，把我吓醒了。"

哈娜神秘地一笑，说："是不是想吃苹果，不好意思呀？"

牛顿突然问哈娜："哈娜，你说，苹果从树上掉下来的时候，为什么掉在地上，而不会飞上天空呢？"

哈娜很惊讶地说："这有什么好奇怪的，苹果熟了当然会往地下掉呀！你瞧，那又掉了一个苹果呢！"

牛顿朝她手指的方向一看，果然又有一只熟苹果掉了下来。

这一现象使牛顿陷入沉思："这究竟是什么原因？"

牛顿看着苹果，不断地思考着这个问题。思绪越来越远，飞到了月亮，飞到了茫茫的宇宙……他手中的苹果，也已经变成了月球，变成了行星，变成了茫茫太空中的一个个天体。

牛顿坐在树下，对着苹果沉思了许久，突然，他悟出了一个道理："苹果从树上掉下来，只因为地球在用力往下拽它，在吸引着它。"

"可是，苹果是因地球的引力而掉在地上的，为什么月球就不会受地球引力的影响而掉下来呢？"

"又是什么样的力使它们始终保持着一定距离运转呢？难道是因为月球和地球的距离比苹果和地面的距离大的缘故吗？"

牛顿百思不得其解。

"地球的力量到底有多大？这种力量有没有极限呢？"

一个又一个疑问困扰着牛顿。

忽然，牛顿想到了小时候玩过的一种游戏：首先把一块石头用一根绳子绑住，然后把绳子的另一头系在手上，再用力使劲地甩，石头就会绕着圆圈打转。

牛顿想："如果把人看成是地球，而石头就是月球，石头绕着人转，那么绳子也就相当于地球引力，石头越大，转起来越费力。"

"这样，就可以了解到月球为什么保持一定的距离环绕地球转，而不会飞走或掉到地球上来了。同样的道理，太阳与地球之间，也存在着这种引力。而宇宙中的其它星体之间，也被这种引力吸引着，有规律地运动着。"

牛顿一下子开了窍似的，悟透了宇宙运动规律，于是万有引力就这样被发现了。牛顿悟出了这个道理，心中有说不出的喜悦，可是思考并未因此而止步，他仍在思考着地球、月球、太阳之间存在的这种力会不会改变。

牛顿又想到了开普勒的第二法则：假如有一个行星，它环绕地球一周用27年，那么它和地球的距离就是与太阳距离的九倍。

牛顿运用这个法则反推回去，结果发现了有名的"逆二乘法则"。运用这个法则，可以推算出地球和月球之间的引力。后来，科学家运用这个定律，测算出了彗星出没的时间，并相继发现了海王星和冥王星等。

这就是万有引力和苹果落地的故事。不管是真是假，牛顿老家园子里的苹果树被赋予了非凡的意义，成为后人瞻仰牛顿故居时赞叹牛顿伟大过人之处的活典型。

71. 牛顿发现光的色散现象

牛顿不仅在经典力学的研究上作出了卓越的贡献，而且在光学上也有不少重大的成就。

牛顿一生中，花费了不少精力从事光学方面的研究，他在光学领域中的一个重要成就，就是发现了光的色散现象。

从1666年开始，牛顿对光的颜色本性问题进行了一系列的研究。首先，他用一个简单的实验，来证明了不同颜色的光有不同的折射率。

这个实验是这样的：他拿了一块长纸板，一半涂成了鲜红色，另一半涂成了蓝色，然后，他把这块纸板放在窗户的旁边，通过一块玻璃棱镜来观察它。他发现，如果把棱镜的折射棱角朝上，纸板由于折射，看起来好像被抬高了，而且蓝色的半边比红色的半边升得更高；但是，当折射棱角朝下时，纸板由于折射看起来像被放低了，蓝色的半边比红色的半边降得更低。于是，牛顿断定：蓝光的折射比红光厉害。

此外，他还发现，当他用透镜聚光时，蓝光与红光一定会聚集在离透镜不同的地方。为了证实这个结论，他又做了一个实验。他取了一张纸，也是一半涂上蓝色，另一半涂上红色，然后用蜡烛照明，经过透镜后，试图在另一张纸上得到清晰的像。为了能够判断成像的清晰度，他又用黑线在纸上划了几道圆圈。他发现，这一次，涂上颜色的纸片的两边不能够同时聚焦成像。当纸片的红色部分显得清晰时，蓝色部分就显得模糊，它上面的黑线几乎看不出来；反之，当蓝色部分显得最清楚时，红色部分又模糊了，它上面的黑线也几乎看不到。此外，他还发现，在纸片蓝色部分成像最清晰的地方，比红色部分成像最清晰的地方，距离透镜更近。

牛顿又连续做了另外的一系列实验，他最后还专门做了一个实验，来证明白色的光具有复杂的成分，是由各种颜色组合起来的。白光能够分解成不同颜色的单色光，每一种颜色的光都有自己确定的折射率，这就是著名的"光的色散实验"。

牛顿发现了光的色散现象，使人们对颜色的解释摆脱了主观视觉印象，走上了与客观量度相联系的科学轨道，并开创了光谱学研究的先端。从此，光谱分析就成为光学和物质结构研究的主要手段。

72. 拉瓦锡发现燃烧的奥秘

安东·尼罗朗·拉瓦锡出生于法国巴黎一个富裕的律师家庭。他五岁那年，母亲因病去世，从此在姨母的照料下生活。十一岁时，他进入当时巴黎的一所名牌学校学习，二十一岁毕业，取得了律师的资格。毕业后，考入政法大学。

然而，拉瓦锡真正感兴趣的却是自然科学。在大学里，他就主动拜一些著名的学者为师，学习数学、天文、植物学、地质矿物学和化学。他坚持每天作气象观测，假期还跟随一些地质学家到各地考察旅行。

拉瓦锡在自然科学上的成就，令他成为科学院的一名会员。此后，他把全身心都投入到化学研究中。他开始研究空气的燃烧。

在当时，人们普遍认为，空气能够燃烧，因为在空气里，含有一种燃素。但是，拉瓦锡却对这一观点表示怀疑。他听说有一种气体，如果把蜡烛放在里面，会燃烧得很亮。于是，他根据这一提示开始做实验，结果，发现了空气的复杂组成。

在每一次实验的前后，拉瓦锡总是会用天平来仔细称物质的重量。他常常一面称，一面想道："当这一种物质失去了重量，而另外的一种物质却重了一些，这就说明，在实验的过程中，一定有点什么东西离开了第一种物质，跟第二种物质化合了。"

有一次，拉瓦锡用磷做实验。他在实验前，按老习惯，先把磷放在天平上称重，然后才把磷放进瓶子里面去燃烧。实验完成以后，他又把燃烧后的磷块，用天平称了一下，他发现，燃烧以后的磷块比燃烧以前重，那么，磷酸的额外重量是从哪儿来的呢？"一定是从空气里来的！"拉瓦锡想，"大家认为在烧瓶里失踪了的那部分空气，其实并没有逃出瓶外，它只是在燃烧中和磷化合了。磷酸就是它们化合之后的产物。"同样的道理，其他的任何物质，当它们在空气中燃烧时，都会与空气中的一些元素进行化合，从而生成另外的物质。于是，几个世纪以来，一直笼罩在人们心头上的关于空气和物质燃烧的奥秘，就这样被拉瓦锡揭穿了。拉瓦锡的发现，在科学界引起了一场暴风雨。化学家们已经习惯于到处看见"燃素"那无形的幽灵了，忽然宣布它不存在，这个一百八十度的拐弯，他们怎样也不能马上转过来。还有，说燃烧着的物体不但没有被毁灭，被分解，反而把"活空气"结合到自己里面，这种想法，他们也觉得十分荒诞。因此，他们嘲笑拉瓦锡，指责他的工作有缺点，说他的试验做得不正确。可是，事实毕竟是事实。拉瓦锡用一连串人人可以检查的事实来证明他的发现是正确的。正是由于拉瓦锡的发现，到了十八世纪末，"燃素学说"被赶出了化学的大门。

73. 赫歇尔发现天王星

英国天文学家威廉·赫歇尔出生于德国汉诺威。当他十七岁时，他来到英国，在宫廷的歌会上担任双簧管吹奏者。一方面，他靠音乐维持生活；另一方面，他刻苦努力地自学数学和物理。在学习数学和物理的过程中，他对天文产生了浓厚的兴趣，业余时间自己制作望远镜。在他的一生中，一共制造了四百多台望远镜，其中，口径最大的长达一百二十五厘米。1774 年，赫歇尔三十六岁那一年，他又成功制造了一台反射望远镜。

在 1781 年 3 月 13 日的晚上，与往常一样，赫歇尔在妹妹加罗琳的陪同下，用自己亲手制造的一台口径为十六厘米、焦距为二百一十三厘米的反射望远镜观测天空。当他把望远镜指向双子座时，他突然发现有一颗很奇妙的星星，乍一看像是一颗恒星，一闪一闪地发光。这颗星引起了他的怀疑。

第二天晚上，他又继续观测这颗星。这颗星星还在不停地移动。既没有"彗发"，也没有"彗尾"，这颗神秘而独特的星体，究竟是一颗什么星呢？经过仔细的观察并研究大量的数据，最后，他确定这既不是一颗彗星，也不是一颗恒星，而是一颗在土星的轨道外面运行的大行星。这颗行星，后来被人们称为"天王星"。

天王星的发现，将太阳系的范围扩大了整整一倍多，立即成为天文学家们的重要观测对象。它引起了天文学界的一场革命。天王星的发现也使赫歇尔闻名于世，并被英王任命为皇家天文学家。从那以后，赫歇尔一直致力于天文学，为天文的发展作出了许多卓越的贡献。

74. 大学生亚当斯发现海王星

天王星被发现之后，天文学家们便展开了对天王星的观测和计算。可是，在反反复复的观测和计算中，科学家们发现，天王星的理论计算位置和它的实际观测位置总是有误差。而且这种误差在持续不断地扩大，在十五年的时间里，整整扩大了六倍！

科学要求严谨。这么大的误差对于天文学家是无法容忍的。这种误差一定是因为在计算天王星的位置时，还有某种未知的因素没有被考虑进去，那么，这个因素是什么呢？既然在土星的轨道外面找到了天王星，那么在天王星的轨道外面，是否也同样还存在着一颗尚未露面的星呢？也许正是由于这颗未知星球对天王星的吸引，才影响了天王星的运行。可是，这颗星是一颗什么样的星呢？它距离天王星有多远，质量有多大，运行的轨道又如何？这一切都像谜一样。

1841 年七月，英国剑桥大学的一名年仅二十二岁的大学生亚当斯，在阅读了格林尼治天文台台长的报告后，决定来解答这个难道。于是，他查阅各种资料，反复计算各个行星的轨道，运行速度，对这颗未知的神秘之星进行反复推测、思考和计算。两年后，他计算出了这个未知星体的初步结果。又过了两年，他研究推算出了这颗未知星体的轨道，质量和当时的位置。他把自己的计算结果寄给英国格林尼治天文台的台长，请求他用天文台的大型望远镜来观测这颗行星。可是，这位台长根本就没有认真对待亚当斯的计算结果，他不假思索地把亚当斯的计算结果束之高阁。

1846 年，格林尼治天文台的台长又收到了当时著名天文学家勒威耶发表的论文副本，这时，他才发现勒威耶的计算结果与亚当斯的计算结果几乎完全一致。他让剑桥天文台的天文学家用望远镜搜索这颗星体，偏偏剑桥天文台的科学家们对亚当斯的计算结果将信将疑，也没有认真对待这件事，使亚当斯奋斗多年的成果就这样付之东流。

可是，柏林天文台的科学家根据勒威耶的研究结果进行观察，他们只用了30分钟，就发现了一颗在星图上没有被标注出来的星体，这颗星体，就是人类寻找到的第八颗大行星——海王星。

天文学家们又通过持续的观察，证明了海王星的存在。

海王星的发现是天文史上的杰出大事，恩格斯对海王星的发现予以很高的评价。

人类在探索宇宙的过程中，有的成功，有的失去了机遇。海王星的发现，使英法两国为究竟是谁先发现了这颗星体的问题争论不休。但是，亚当斯和勒威耶两人却处之泰然。海王星的发现，这项荣誉，应当由亚当斯和勒威耶两人共享。

75. 汤博发现冥王星

海王星被发现了，可是，海王星的发现，仍然为天文学家们留下了一些难解的问题。首先，海王星的大小和质量与天王星不相上下，天王星运行轨道计算中的那些偏差，并不能完全用海王星的影响进行解释；其次，天文学家们还发现，海王星的理论计算位置和他的实际位置，同样也出现了偏差。这究竟是怎么回事呢？难道在海王星和天王星之外，还存在着别的未知大行星吗？

十九世纪后期，天文学界的众多天文学家，都开始致力于寻找这一颗未知的大行星。可是，宇宙的探索并不是一件容易的事情，人们反复计算天王星与海王星的轨道与运行偏差，推算未知星体的轨道和运行速度，并用高倍望远镜不断地观测、寻找，但始终一无所获。

1894 年，美国天文学家珀西瓦尔·洛威尔在亚利桑那州的费拉格斯塔夫附近，兴建了一座海拔 2210 米的私人天文台——洛威尔天文台。他在洛威尔天文台上，夜以继日地潜心研究、搜索这颗未知星体，最后，终于因为疲劳过度告别人世。

十三年后，克莱德·威廉·汤博继承了洛威尔的事业。他来到洛威尔天文台，开始对这颗耗尽了洛威尔生命的行星进行搜索。经过日夜辛苦细致的工作，汤博终于在 1930 年 1 月 23 日晚和 29 日晚，拍摄到了双子座附近的天区内，有一颗硕大的未知新行星。

通过对该星体进一步的观测证实，这是一颗崭新的天外行星。

这个困惑了人类将近一个世纪，耗尽了许多天文学家心血和生命的谜团，终于被解开了。而在宣布这颗大行星被发现的这一天，又正好是威勒与赫歇尔发现天王星的一百四十九周年纪念日，也正好是洛威尔私人天文台的创始人珀西瓦尔·洛威尔七十五周年的诞辰。

人们像潮水一样涌向了洛威尔天文台。在为这颗行星命名的时候，英国剑桥一位十一岁的小女孩维尼夏·伯尼建议说，这是一颗幽暗的行星，就把它命名为"普鲁托（PLUTO）"吧。普鲁托（PLUTO），是罗马神话中冥神的名字。于是，在汉语里，我们就把它称为"冥王星"。

关于冥王星这个遥远而朦胧的世界，人类对它的认识，目前仍然是一个谜。事实上，单是冥王星的引力，也并不能够完全解释海王星和天王星的轨道变化，它们还需要有一个更大质量的天体拖动着它们，围绕着自己的轨道运行。那么，在天王星、海王星、冥王星之外，科学家们推测，一定还存在着其他的大行星。

天文学家们一直在以极大的兴趣探索着浩瀚的宇宙星空。相信迟早有一天，人类会解开宇宙的奥秘。

76. 欧拉听象棋故事而爱上数学

欧拉（*1707~1783*），瑞士数学家。自幼聪明好动，对什么都感兴趣，后对数学兴趣浓厚。

在土地肥沃风景宜人的瑞士北部有个城市叫巴塞尔。城里住着一个叫保罗·欧拉的神甫。他十分酷爱数学。在他的书房里，除了神学书以外，几乎全是数学书。

1707 年，保罗·欧拉的儿子出生了。他万分激动，跪在地上不停地祈祷。他从家中收藏的数学书中找到了意大利数学家列昂纳德的名字，于是决定给自己的宝贝取名列昂纳德·欧拉。

小欧拉自幼聪明好动，对什么都感兴趣，他有孩子的纯真，喜欢美丽的风景，喜欢和伙伴们嬉戏，更爱听爸爸讲的有趣的故事。

一天，爸爸刚回家，小欧拉便拉着爸爸的黑袍子，要听故事。

"我的宝贝，今天讲个关于象棋的故事，怎么样？"爸爸问道。

"好呀。"欧拉急不可待地回答道。

"从前，印度有个国王叫舍罕。他的大臣发明了象棋。一天，国王和大臣下象棋。他觉得象棋好玩，决定重赏大臣，可大臣却要求国王在棋盘的第一格里放 *1* 粒麦子，第二格里放 *2* 粒，第三格里放 *4* 粒……以此类推。如果把棋盘都装满，他就十分满足了。"爸爸笑着讲道。

"结果，国王听了大笑起来。于是，照他的话办了。麦子一袋一袋地扛来，没想到棋盘的格子还没用到一半，国库内的麦子却搬光了。"

小欧拉睁大眼睛，出神地望着爸爸，过了好一会儿才问道："这怎么可能？"

爸爸抚摸着孩子的头说："宝贝，你还不懂，这就是数学上的幂级数。如果把棋盘格装满麦粒的话，这些麦子总共有 18000 亿吨。"

欧拉伸了伸舌头问道："18000 亿吨是多少呀？我不懂。"

爸爸说："这么说吧，如果假设当时印度全年小麦产量是 100 万吨的话，要生产这么多的小麦要用 180 万年才行。"

"啊！这么多呀！"小欧拉终于明白了。

小欧拉又问："爸爸，那后来国王怎么办呢？"

"后来，国王请来了数学家一算，才知道根本不可能实现自己的诺言。他借口说大臣骗他，命人把大臣杀了。

"这个国王太坏了！"从此一颗热爱数学的种子在小欧拉心灵深处扎下了根。

一转眼，小欧拉已到了上学的年龄，爸爸送他到巴塞尔文科学校学习。学校里数学课很少，这可急坏了热爱数学的小欧拉。每次只要回家，他便会钻进父亲的书房找些数学书读。

有一回，小欧拉得到一本德国数学家鲁道尔夫的《代数学》，他坐在地板上仔细地读起来。

小欧拉边读边想，一会儿前几页就全懂了。他高兴极了，立刻试着做了几道后面的练习题。

爸爸回来后，小欧拉把做的题拿给爸爸看，爸爸边看边点头。

爸爸的肯定态度激发了小欧拉的学习热情，他把《代数学》带回了学校。一有空，他就读这本书，遇到难题时，他就做上记号，去问学校的老师或者回家问爸爸。他越学越深，有些问题连大人都解答不上来。

一次偶然的机会，欧拉知道当地有一名知识丰富的数学家，名叫约翰·伯克哈特。

星期天，他一早便带着书，按照别人告诉他的地址去找，终于找到了伯克哈特。欧拉有礼貌地说明来意，伯克哈特看着手捧《代数学》的欧拉，吃惊地问："你能读懂这本书吗？"

欧拉点点头，又摇摇头说："嗯，我能懂一些。"

伯克哈特翻开书指着一道代数题，让欧拉来解答。

欧拉看了一眼，拿起笔在纸上飞快地写着。不一会儿，答案便算出来了。

伯克哈特握着欧拉的手说："天才！真是天才！"

于是，他耐心地回答了小欧拉的每一个问题，而且还旁征博引地讲了许多代数学的知识。欧拉对伯克哈特心生敬佩，因为他感到伯克哈特的数学知识太丰富了，自己的问题，对他来说不过是小菜一碟。

此后，欧拉经常来请教伯克哈特。几年过去了，欧拉不仅学完了《代数学》，还学习了伯克哈特推荐的其他数学书。

1720 年秋，年仅 13 岁的列昂纳德·欧拉以优异的成绩考上了著名的巴塞尔大学。从此，开始致力于数学的研究。

77. 汤姆生发现电子

汤姆生出生于英国的曼彻斯特，他的父亲是苏格兰人，以卖书为业。汤姆生从小聪明好学，十四岁就进入了曼彻斯特的欧文学院学习工程。但是，由于了家境贫寒，当时的学生学习工程又需要大笔的学费，于是，迫于经济压力，汤姆生改学物理。1876 年，他进入剑桥大学的三一学院学习，毕业以后，进入了卡文迪许实验室，在导师的指导下，进行电磁场理论的实验研究。汤姆生年纪轻轻，却在物理实验研究中，显示出了非凡的天分。再加上他的刻苦好学，他在二十八岁时，就当选为英国皇家学会的会员，不久之后，开始担任实验室的教授。当时，人们还不知道原子是可以被细分的，人们只知道离子是一种带电的粒子，并且还测出了一些离子的电荷与质量的比——荷质比。当时，在物理学界，关于阴极射线的研究有两派学说：一派认为阴极射线是一种带负电的"分子流"；另一派认为阴极射线是一种电磁波。长期以来，这两大学派各持己见，争论不休。为了弄清楚阴极射线是由什么粒子组成的，汤姆生决定测定阴极射线的荷质比。汤姆生用"旋转镜法"测量了阴极射线的速度，否定了阴极射线是电磁波这一说法。他又通过阴极射线在电场和磁场中的偏转，得出了阴极射线是一种带负电的粒子流的结论。汤姆生并不满足于已有的结论，他进一步测定了这种粒子的比荷，并与当时已知的在电解中生成的氢离子的荷质比进行了比较，最后，他发现阴极射线粒子的质量约为氢原子的千分之一。他还在放电管中充入各种气体，进行试验，发现阴极射线的荷质比跟管中气体的种类无关。他又用铅和铁分别作电极，其结果仍然一样。于是，他得出结论，这种粒子一定是所有物质的共同组成成分，汤姆生把这种粒子叫做"电子"。

电子的发现，在物理学史上具有划时代意义。它不仅使人类对电现象有了更本质的认识，还打破了原子是不可分的最小单位的观点。因此，汤姆生的关于电子的实验，是物理学发展史上最著名的经典实验之一。汤姆生由于他对于物理学的杰出贡献，被授予了一九零六年的诺贝尔物理学奖。

78. 施密特发现类星体

宇宙是一个极大的场所，它的尺度很难估量。据天文学家估计，在宇宙中，有一些星系的发射强度，远远比数十亿普通恒星聚集起来的发射强度还要大得多。这些星系，极其巨大的能量输出使许多人联想到，在星系的中心，可能还隐藏着超大质量的黑洞。科学家们在对宇宙的研究与探测中，发现了许多的星系。而在这些星系中，最让人迷惑的是类星体的发现。*1960* 年，在一次美国天文学会上，一名名叫桑德奇的天文学家，报告了他对一种射电星的观测研究。这颗"射电星"能发射出很强的电源。桑德奇对他自己观测到的现象深感困惑。这颗星，不像许许多多其他的"射电星"，它看起来根本就不像星系。照片显示，这个类似恒星的天体有非常一种奇异的光谱。

同一时期，另一位澳大利亚天文学家哈泽德，也在对另一颗"射电星"进行观测。由于早期的射电望远镜不能精密地确定射电信号的天空坐标，所以，他没有能够找到这个射电星体的光学对应体。但碰巧的是，*1962* 年，月亮刚好从这颗星的前面经过，通过月亮在这颗星体面前的经过时刻，他们准确地测出了这颗"射电星"的精确位置。根据这个位置，科学家们找到了一颗十分暗弱的蓝星。

科学家们对这颗蓝星进行了很长时间的扫描、跟踪、观测，发现它是一颗十分奇异的星。这颗星的光谱，与两年前桑德奇的观察一样，也是一组很奇异的光谱。

研究解释这种光谱的重任落到了一位名叫"施密特"的天文学家身上。有一天，他突然省悟到，这种光谱的线，很像氢的实验测出的谱线图样。施密特立刻认识到他的发现的重要含义。通过研究，他确信，由于这种"射电星"以巨大的速度从地球向外逃离，于是形成了红移光谱。但是，这种星不是恒星，最大的可能是，它是一个运行速度极高的十分遥远的星系。桑德奇和哈泽德发现的"射电星"的光谱，都是同一种光谱。

于是，施密特和他的助手，为拥有这种奇异光谱的"星"，取名叫"类星体"，以表明它们是一种类似恒星的天体。

从二十世纪六十年代初以来，天文学家已经在宇宙中，发现了数百个这样的"类星体"。"类星体"的发现，是天文史上的一件重大事件。至今,人们对类星体,仍有许多难解的谜,科学家们一直在孜孜不倦地探索这类星体,它是天体物理学家们一直面对的挑战。

79. 帕斯卡由"玩"水到发现液体压强定律

帕斯卡从小就对大自然充满了好奇,常常思考一些他认为有趣的问题。有一天,他在上学的路上,看到园丁准备浇花,只见园丁把又长又扁的水管接在水龙头上,拧开水龙头,扁水管一下子变得圆鼓鼓的,水就顺着水管流进了花园。帕斯卡趁浇花的园丁不注意,悄悄把双脚站到水管上,想压扁管子堵住水,可根本堵不住,水照样从他脚下的水管中流过。他又蹲下来,用手按水管,脸都憋红了也没能按住。这时,园丁走过来,拍拍他的肩膀,吓了他一跳。他以为那位园丁会责怪他,谁知,园丁却反而笑呵呵地对他说:

"你这个小家伙,是想按住水管吗?"

"嗯。"

"就你这样的小不点儿怎么行呢,就是七八个人,只怕也堵不住哟!"

"为什么水有这么大的力量呢?"

"当然啦,看,它喷得多高啊!"

帕斯卡顺着园丁手指的方向看去,只见靠花园这头的水管上有几个细孔,水从细孔中喷出,喷得老高。"真的,它们画的都是抛物线呢。"帕斯卡一蹦一跳地跑过去,伸手挡住一根"抛物线",手心被射得怪痒痒的。

帕斯卡不禁产生了许多疑问:水进了水管为何要往前跑?水本来是往低处流的,为何水管里的水要往高处流呢?为何水能把管子胀得圆鼓鼓的?细孔里流出来的水为什么能喷那么高?

帕斯卡向园丁请教这些问题，但并没有得到一个满意的答案。没有办法，他只有回到家中向爸爸请教了！出乎他意料的是，他认为最有学问的爸爸也答不出，反而还教训他："算了，把书本学好就行了，别整天想这想那的。"

执著的帕斯卡并没有就此作罢，既然从别人那里得不到答案，就自己做试验，他弄来一段水管，接在水龙头上，把另一头扬得高高的，看水往外喷。他还用钉子把好水管钻上几个孔，让水也从小孔里喷"抛物线"。

帕斯卡的行为令爸爸更加生气："怎么学起玩水了，你这孩子变了，不做正经事了。"

"玩水有什么不好，我有几个问题弄不清楚嘛！"帕斯卡不吃爸爸那一套，照样我行我素，挺有兴趣地摆弄着水管。经过多次细心的观察后，他发现了一个有趣的现象：从小孔里喷出的水流都一样长。

没多久，水管就破烂不堪了，帕斯卡又找来较薄的橡皮管子，费了很大劲才把管子安到水龙头上。细管子顿时被撑得又粗又壮，帕斯卡睁大惊奇的眼睛想："水究竟从哪儿来这么大的力量？"

帕斯卡决定把这个问题弄个水落石出。他找来一个四周扎有一些小孔的空心球，然后把球上连接一个圆筒，圆筒里安了个可以来回移动的活塞。再将球和圆筒里灌满水，然后用力往里按活塞，水便从球四周的小孔里均匀地向外喷射，真是好玩极了。

帕斯卡重复了一遍又一遍，经仔细观察，他发现：如果不按活塞，水也就不向外喷射。帕斯卡觉得这太神秘了，但他怎么也弄不清楚秘密之所在，也不急于去问爸爸，认为应该自己解决问题。

帕斯卡对揭开这个秘密有着强烈的愿望，便不断学习科学文化知识充实自己。当他长大以后，更加对幼年时"玩"水产生的现象感兴趣。于是，他决定继续进行他的"玩"水实验，不过这次不是在水龙头下悄悄地玩，而是在实验室公开地"玩"，并且有了许多仪器、设备等实验装置做辅助。

　　1648 年，经过无数次的实验和精确计算。帕斯卡终于总结出了一条规律："加在密闭液体上的压强，能够按照原来的大小由液体向各个方向传递。"物理学把它叫做"帕斯卡定律"。当年帕斯卡只有25 岁。

80. 托里拆利发现真空

　　托里拆利，意大利物理学家、数学家。他出生于一个贵族的家庭。1628 年开始在罗马学习数学。1641 年，在老师的建议下，他去佛罗伦萨给伽利略当助手。伽利略逝世后，托里拆利接替伽利略，担任佛罗伦萨学院的物理学和数学教授。后来，深受国王器重的他，还被委任为宫廷数学家。托里拆利在数学和物理学等许多方面都有建树。他的科学活动时间虽然不长，仅仅只有五、六年的时间，但是，他所取得的成果却具有重大意义。一直以来，人们对空气是否有重量，以及真空是否可能存在这两个问题，争论不休。亚里士多德的"大自然厌恶真空"的说法，在当时的科学界，始终占上风。而其他有的科学家们，虽然对亚里士多德的理论提出了怀疑，但谁都没有真正解决这两个问题。只有伽利略发现，抽水机在工作时，不能把水抽到十米以上的高度，他把这种现象解释为存在有"真空力"的缘故。在总结前人理论和实验的基础上，托里拆利进行了大量的实验。通过这些实验，他发现了真空，验证了空气具有重量的事实。同时，托里拆利还对空气的重量和压力等物理概念，进行了深刻的阐述。他从实验上解决了空气是否有重量和真空是否可能存在这两个重大课题。

81. 由一束紫罗兰引起发明的波义耳

波义耳是一个志向远大的青年，他不满足于贵族子弟优裕的生活，不想让宝贵的青春年华在舒适、空虚的生活中度过，想通过刻苦学习在科学上有所建树。

一天清晨，波义耳正要去实验室进行早间检查时，园丁送来了一篮盛开的紫罗兰花，放在办公室的一角。波义耳随手摘了一束向实验室走去。

实验室里，助手们已经开始紧张的工作。助手威廉向他汇报了昨晚拿到二瓶盐酸的经过，波义耳很感兴趣地说："我想看看这种盐酸，请往烧杯里倒一些。"

波义耳说完把紫罗兰花放在实验桌上，帮助威廉倒盐酸。威廉在倒盐酸时，不小心把盐酸沫洒到了紫罗兰花上。波义耳回到办公室，看到这束紫罗兰花在微微冒烟。

波义耳把花束浸泡在清水杯子里，想把酸抹洗掉。过一会再看时，奇迹出现了：紫蓝色的紫罗兰花变成了鲜红色！

这一意外的现象，引起了波义耳的极大兴趣。他兴奋地提起花篮向实验室跑去，边跑边喊："威廉，快准备几个烧杯、一瓶盐酸和其他的酸。"

威廉感到莫名其妙，但还是迅速做好了准备工作。波义耳在每个烧杯里倒进大半杯清水，又把各种酸分别倒入杯中稀释，在每个烧杯里浸泡一束紫罗兰花。

威廉惊奇地叫道："紫罗兰变色了，变成了淡红色。"

波义耳胸有成竹地说："这颜色还会继续变化。"话音刚落，威廉大声说："花朵变成红色了。"

波义耳脸上露出了欣慰的笑容。他说:"原来如此!不但盐酸,而且其他酸也可以使紫罗兰变成红色。我们只要把从紫罗兰花瓣中提取的汁液放进一种溶液里,就可以判断它是不是酸性溶液了。"

"那么,是不是碱液也能使紫罗兰变颜色呢?"威廉试探性地推测。"有道理!来,咱们马上试验一下!不仅用紫罗兰,还要用蔷薇、丁香花瓣来试验。"波义耳像抓住了真理的尾巴似的,高兴极了。说干就干,他不厌其烦地用无数种花朵泡出浸液,还用药草、苔藓、树皮及各种植物的根,泡出各种颜色的浸液,一一进行了试验。他们发现,这其中有一种石蕊苔藓提取的紫色浸液与众不同,这种浸液对酸碱的反应都很敏感:遇到酸会变成红色,遇到碱会变成蓝色。波义耳推想,如果用纸在石蕊苔藓的浸液中浸泡一下,再把它拿出来烘干,不就可以用它来测试溶液的酸碱性了吗?经过试验,效果果然很好。波义耳便把这种石蕊试纸或者同石蕊试纸起同样作用的能鉴别酸碱性的物质叫做"指示剂"。

波义耳从紫罗兰变色这一奇妙的现象出发,穷追不舍,终于发明了酸碱指示剂,对科学的发展有很大的贡献。

82. 波义耳发现冷光

波义耳是英国 17 世纪的科学家。他对那些会发光的细菌很感兴趣,便潜心研究它们为什么会发光。他在一个瓶子里收集了许多这样的细菌,它们发出的光把整个房间都照亮了。波义耳想:"蜡烛没有氧气就不能燃烧细菌的发光会不会与周围的环境有关呢?"于是他用气泵把瓶子里的空气一点点抽出,结果,细菌发出的光越来越暗,最后竟然一片漆黑。等波义耳再把空气输出瓶子里的时候,细菌又亮了起来。原来,细菌发光也离不开空气呀!

波义耳进一步研究发现，在发光的细菌身上，有一种叫荧光素的东西，它在荧光酶的催化作用下，空气中的氧结合就能发出光来。与众不同的是，这种光不会产生热。

后来，科学家用化学的方法，制造出了一种新的光源——冷光。用途十分广泛。在有些地方，用热光照会容易引起爆炸，而用冷光就不会有什么危险，是最安全的照明。如果把冷光物原涂在手掌上，还能在夜间看清地图和文件。

83. 从水滴带来发现的列文虎克

工具是人类器官的延伸。要观察肉眼看不到的微生物，没有恰当的工具是不可能的。在列文虎克之前，英国人虎克已经描绘过显微镜下皮革上的蓝色霉菌形态，不过，看到细菌、原生动物等活的微生物，并把它们记录下来的第一人是列文虎克。

在荷兰的鹿特丹和海牙之间，有一个小小的村镇。这个名叫代尔夫特的小镇一向不为外界所知。小镇上的居民也从不奢望到外边去闯闯世界，他们生于此又死于此，延续着生命，维持着小镇的繁荣。

1632 年，在小镇上一个中产阶级家庭里，诞生了一位名叫安东尼·危·列文虎克的男孩。他跟镇上所有男孩子一样，由他的家庭供他读书，但只在镇上读了小学。这已经足够了，列文虎克已经能读书，也能给上司写报告，于是他在镇政府中担任了低级的职务，结了婚，生了六个子女。在镇上所有的居民眼中，列文虎克是幸福的，大家都羡慕他那安详平和的家庭生活，巴不得自己也能像他一样。

有一天，列文虎克在书上看到了这种奇异的观察工具，对它产生了浓厚的兴趣。十七世纪时，在一个小镇的商店里当然买不到这种高级的玩意，于是列文虎克决定自己动手，做一架显微镜。

　　显微镜的关键零件是镜头，列文虎克虽然不是个磨镜工人，也没有接受过一天的技术训练，但他有的是时间，更有对这种业余爱好的满腔热忱。有了这两点，再学习一些制作的方法，他便开始磨起镜头来。凭着细心和执著，他的磨镜技术一天天提高，最后，终于远远超出了当时的专业技师。

　　列文虎克并不按照复式显微镜的办法制造自己的观察工具，他绝对没有束缚手脚的框框。功夫不负有心人，列文虎克终于制成了一块直径只有 0.3 厘米的小透镜，并做了一个架，把这块小透镜镶在架上，又在透镜下装一块铜板，上面钻一个小孔，使光线从这里射进而反射出所观察的东西。这样，列文虎克的第一台显微镜成功了。他制出的显微镜比当时任何技师制造的都高明，放大率高达约 270 倍。在有所发现的科学道路上，列文虎克凭自己的毅力迈出了坚实的第一步。

　　有了精良的工具，列文虎克进入了他伟大发现的第二步。他有极大的耐心，目光十分尖锐，又十分好奇。他什么东西都拿来观察，并把自己观察到的详详细细记录下来，每一次都绘制出详细图。

　　列文虎克观察人的血液，第一次发现了血液中有红血球；他观察跳蚤，发觉这种恼人的昆虫跟所有带翼昆虫一样，用同样的方法繁殖；他把肌肉纤维、皮肤组织、人的毛发都放到显微镜下，画出它们的形状和结构。

　　1675 年的一个雨后，列文虎克从院子里舀了一杯雨水用显微镜观察。他发现水滴中有许多奇形怪状的小生物在蠕动，而且数量惊人。在一滴雨水中，这些小生物要比当时全荷兰的人数还多出许多倍。他在报告中写道：

　　　　在我偶尔观察到这颗水滴时，非常惊奇地看到许许多多
　　不可思议的各种微小的生物，有些微生物的身长为其宽的三

155

至四倍。根我判断，它们的整个厚度比虱子身上的一根毛厚不了多少。这些小生物具有很短很细的腿，位于头部的前面（虽然我没能认出它们的头，但由于动起来这一部分老是走在前面，我还是把它叫做头）的靠近最后部分，附有一个明显的球状物体，而我判断，这最后部分是稍为分叉的。这些微生物很灵活。活动起来时常到处乱窜。

在列文虎克发现的一滴水的世界里，充溢着各种微生物。他看到了凭一根鞭毛自由游动的生命，他看到了形状恰如一只草鞋的小虫，他还发现了更小的、没有固定形状的更多的微生物。尽管当时列文虎克不可能知道它们的特点，但他发现的这个新世界对人类却有十分重要的意义，因为那些细菌居然在很大程度上掌握着人类的生杀大权。发现它们是人类的一大胜利，战胜它们的任务当然要交给列文虎克之后的科学家。

列文虎克在发现小水滴里的世界之后，越加着迷地扩大了他的观察范围。他在井水里，在人的唾液里，在人的肠液中，都发现了无数微小的生物，他把这些细菌和原生微生物一一作了绘图和描述，还根据自己显微镜放大的倍数，计算出它们的大小。

列文虎克的报告不断送到英国皇家学会。他的报告朴实无华，没有固定格式，也不讲文法修辞，科学家们对他的报告抢着阅读。一家当时主要的科学协会收到列文虎克的报告后，十分重视他的发现。1680年，列文虎克正式当选为英国皇家学会的会员，巴黎的科学院也正式聘请他担任了通讯院士。

世界上许多知名的人士，只要来到荷兰，都要去看一看列文虎克。俄国的沙皇彼得大帝、英国的女王，都曾经到代尔夫特列文虎克的家中拜访。但是，列文虎克却没有因为自己出了名而沾沾自喜，他依旧在自己的家乡小镇，过着简朴的生活，并继续着他不懈的观察。

84. 富兰克林由放风筝到解开雷电之谜

1745 年的冬天，电学界传出了一个令人振奋的消息："德国科学家克莱斯发现了电震现象"。原来，克莱斯把一根铁杆放入潮湿的玻璃瓶子里，然后用金属线把摩擦起电产生的电荷，引到铁杆上，他本意是想看看，电荷是否能储存到瓶子里，可是当他无意碰了一下铁杆时，竟被震昏在地。这一次实验被人们称为"莱顿瓶实验"，人们也因此对电产生了全新的认识，使世人第一次知道了电的威力。

富兰克林对此实验非常感兴趣，也开始作一些电学实验。有一次，他把几十只莱顿瓶连在一起想加大放电量，可是给他帮忙的妻子一不小心碰到了莱顿瓶的金属杆，只听到"轰"的一声响后，一大团火花闪过，妻子被电击倒在地，这次意外使富兰克林深深认识到了电的威力，当时的一幕，也常常显现在他的眼前。经过查阅大量有关雷电的资料后，他心里产生了一个大胆的想法，雷电绝对不是什么气体爆炸（在当时普遍认为雷电是一种气体爆炸），一定是一种放电现象，只是当时他没有想出一个切实可行的办法来证明这个推论。

后来，富兰克林特意把这个想法写成了一篇论文，寄给伦敦的科学家——自己的好友科林逊。科林逊在为他的研究成果高兴的同时，特意向英国最高科学机构——皇家学会推荐了这篇文章。可惜的是，由于当时的富兰克林在电学界名不见经传，他的这篇论文并没有引起学术权威的注意。

但是，富兰克林毫不气馁，在科林逊的帮助下，他常常把自己在实验中的新发现告诉科林逊，两个人总是互相交流。在 *1751* 年，他还与科林逊一起出版了论文集《电学实验集》，这是近代科学史上第一

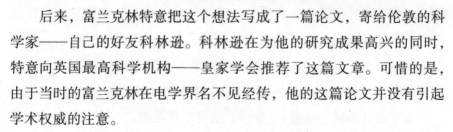

本系统的电学理论著作，出版后很是畅销，富兰克林的名字也逐渐被人们所熟悉。

富兰克林知道，要想证明自己的理论，最有力度的就是用事实说话，可是怎样才能证实闪电就是电的本质呢？有一天，他看到孩子们在风中放飞的风筝，忽然想到，如果在雨天用风筝来作一个实验，大概会有所发现吧。

于是，在一个阴云密布的夏日，眼看暴风雨即将来临了，富兰克林和儿子威廉一起用一大块丝绸手帕做了一只大风筝。风筝是菱形的，风筝的十字骨架上绑了金属丝，便于导电。父子两个人带上风筝和一只莱顿瓶，准时向野外走去，富兰克林的妻子再三叮嘱两个人要小心，早去早回。

父子两个人很快来到了野外，父亲拿着风筝，儿子拿着线，还不住地问父亲：

"爸爸，可以放了吧！"

"孩子，别着急啊，得等到雷电再响些才能效果好些！"富兰克林镇静地告诉儿子。

过了一会儿，狂风大作，雷声隆隆，团团乌云压向天边，富兰克林赶紧把风筝掷向天空，大声喊道："儿子，快跑起来。"

威廉在旷野中拼命地奔跑起来，狂风卷起风筝，飘飘起伏，升到空中，紧接着大雨倾盆，雷雨交加，父子两个人很快就淋透了。富兰克林很是兴奋，他追上儿子，接过风筝线，拉着他躲进一座废弃的破房子里避雨，然后又掏出一把铜钥匙，系在了风筝线的末端。

儿子很是不解，问道："爸爸，这是干什么啊？"

"这个铜钥匙吗？是用来阻挡上面流下来的电，用它可以把电流导到瓶子里去。"

说完，富兰克林又往装有水的莱顿瓶中插入一条铜线，浸入水中

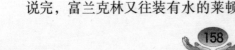

一半，又留在瓶子外面一半。

然后，富兰克林兴奋地说："孩子，一会儿我们就能把电导入瓶子中带回家去了。"

说完，父子俩抬头望去，只见风筝已穿进了云层，闪电雷鸣阵阵，但是风筝却什么反应也没有。

儿子禁不住很失望地说："爸爸，恐怕我们这次又白费工夫了吧？"

"别担心，孩子，我们再等等看吧！"

突然，一道剧烈的闪电划过，风筝线仿佛被什么拉动了一下，富兰克林的手中也有了一丝麻的感觉，他轻轻地去触摸了一下铜钥匙，顷刻之间，钥匙上闪现了一串火花。

"哎呀！"富兰克林忍不住叫了起来，"太好了，儿子，我被电击了，雷电就是电啊！"

父子两个人忘记了浑身上下已被雨淋透了，高兴地欢呼起来。

雨过天晴后，太阳高照，父子两个人带着他们的战利品，急忙回家了。

回到家里后，富兰克林立即走进了实验室，把莱顿瓶和他已设计好的电铃连结起来，他高兴地对威廉说：

"快去把妈妈喊来，让她也来分享我们的喜悦吧！"

一家三口焦急地等在实验台旁，当富兰克林按动电铃的开关后，一阵悦耳的铃声响了起来。威廉拉住妈妈的手，高兴地说：

"妈妈，爸爸的研究终于成功了！"

这以后，富兰克林又多次冒着生命危险，多次收集雷电，并进行了一系列的实验，结果都表明雷电同电机产生的电荷是完全相同的。富兰克林没有忘记把这个喜讯告诉给远在伦敦的朋友科林逊。

没过多久，风筝实验的消息就传遍了整个科学界。富兰克林在电学方面的理论，至此取得了决定性的胜利，他的有关电学方面的著作引起了学术权威们的重视，被译为法文、德文、意大利文等，在全欧洲得到了公认。

在真理面前，英国皇家学会的权威们也作了躬身反省，他们对于以前不屑一顾的富兰克林的论文重新评议，并进行了实验，他们诚恳地邀请富兰克林作为皇家学会会员，并给他颁发了代表着科学界崇高荣誉的金质奖章。1753 年，富兰克林的科学研究开始走上了巅峰。

85. 卡文迪许由治疗痛风病到证明生物电

2000 多年前，古罗马帝国流行着一种奇怪的治疗头疼、痛风等病证的方法。

有一天，一个病人痛苦地对医生说："大夫，我的腿痛风病又发作了。你给我开点药吧。"大夫仔细地看了看病人的腿，摇摇头说："用不着吃药。不过，你需要花一笔钱，去海边休养一段时间就会好的。"病人疑惑地看着大夫，不解地问："什么？去海边休养就行了？"

大夫开了张单子，递给病人说："你按这个地址，到海滩边找到这个渔夫，他会让你明白的。放心，你的痛风病一定会好的。"病人听了大夫的话，半信半疑地来到海边。那渔夫接过医生写的单子，便把病人带到了海边潮湿的沙滩上，并在他脚底上放了一条大黑鱼。"哎唷！"病人猛地一窜，只觉得脚底一阵发麻。不过，麻过之后，他觉得舒服多了。

"这样就能治好痛风病吗？"病人问道。

渔夫点点头说："不错，你只需要在这儿呆上几天，每天都到海滩上和这条大黑鱼在一起，包你能好。"

病人好奇地问："为什么这样就能治好痛风病呢？"

渔夫耸耸肩说："我也说不清楚。反正，这法子挺有效的。"

古罗马流行的这种治病方法，确实很奇怪。但是，长期以来，谁也没有去深究这里面到底有什么奥秘。

1758年的一天，忙了整天的卡文迪许独自呆在书房里，他拿起一本书翻阅起来。书的内容是关于古罗马时代科学文化的，书中记载了2000多年前风行一时的用大黑鱼治病的方法。看到这里，卡文迪许觉得非常奇怪：为什么当病人的腿触到大黑鱼时，会有发麻的感觉呢？

卡文迪许知道人体只有碰到电时，才会产生发麻的感觉。这两者有联系吗？这时，他心里忽然闪过一个念头：难道这大黑鱼身上带电？想到这里，卡文迪许兴奋起来。可是，他转念一想，要是大黑鱼本身带电，那它自己受得了吗？再说，还从未听说过动物能带电呀！

要是换成别人，恐怕早就把书搁到一边，不再细想下去了。可卡文迪许不一样，凡是有疑问的，他必定要设法找到答案。那些在别人眼里离奇荒诞的想法，恰恰最能激起他的兴趣。

卡文迪许设法弄到了这种大黑鱼，把它埋在潮湿的沙滩里。然后，他在这条鱼上面接上一个莱顿瓶。果然，莱顿瓶冒出了火花！卡文迪许大为惊讶："这么说，大黑鱼身上的确带电！"就这样，卡文迪许第一个用科学的方法证明了生物电的存在。

86. 瓦特乘散步之机设想蒸汽机型

1765年5月，一个晴朗的星期日下午。

瓦特坐在工作台前面，连实验也懒得去做。他时而坐在已经停止转动了的机械前，静静地沉思，时而站起来，嘴里嘟囔着，在房间里走来走去。

对瓦特来说，一星期当中只有星期日下午的片刻时间，他才得以舒一口气。

　　从教堂做完礼拜回来，瓦特和妻子简单地用过午饭后，瓦特对妻子说："我出去走走。"

　　这是瓦特从少年时代就养成的一个习惯，每每要思考什么事的时候，就马上从家里跑出去，在故乡格利诺克的树林中踱来踱去，一直到日落西山才回家。

　　瓦特尽可能地往行人稀少的路上走，脑子里却一直被一个问题所占据。

　　"汽筒需要蒸汽时就加热，要使它凝结时就加以冷却……冷却时尽可能使用大量的水，反之，加热时就尽可能用少量的水……"

　　在这几天当中，无论是睡觉、吃饭或工作，瓦特都不停地思考着这个问题。

　　从大街到小巷，从广场到大路，瓦特足足走了差不多有一个钟头。

　　"要使汽筒不必一冷一热地改变温度，就可以加快速度，并且不浪费蒸汽了！"

　　长期实验的结果，归纳起来就是这么一句话，而剩下来的就是技术问题了。

　　这时，一片绿如油的草地映入了瓦特的眼帘，瓦特停下脚步，欣赏这美丽的景色，让紧张的大脑松弛一会儿。

　　不久，"热量和凝结"的问题，在瓦特的脑中悄然消失了，这使瓦特感到无比的舒畅。

　　"唉！回家吧！"

　　瓦特伸了一个懒腰，然后慢条斯理地往家走去，刚走过洗衣店，到达牧羊人所住的小屋时，又一个念头飞进了他的脑海里。

　　"由于蒸汽是一种具有弹性的物体，因此，凡是有真空的地方，它就无孔不入。如果在汽缸和蒸汽室之间加一个通道，蒸汽就会进入里面而冷凝，这样就不用冷却汽缸，纽科门机的问题不就迎刃而解了吗?"

想到这里，瓦特便开始重新设想未来蒸汽机的构造：蒸汽因为具有推动力，所以能够冲入真空的容器里。要是把真空的容器附在汽筒上，蒸汽经过汽筒后就必定会进入那个容器里去，那么，蒸汽就可以在那个容器里凝结，而不必在汽筒中凝结。也就是说，为了蒸汽的凝结，只要另外再做一个凝结器连接在汽筒上就行了。这样一来，蒸汽就在那里凝结，而不需要再把汽筒冷却，汽筒就始终是真空的了。

这样各种不同的作用，分别在不同的容器内进行，汽筒就可一直保持热度，凝结器就可以永远使它冷却下去，这样一来，连一丝蒸汽也不会浪费掉了。

初步的设想完成了，接下来的问题是如何把设想变为现实。瓦特又开始思考了，传统的纽科门机的冷凝器是如何使喷洒的水、凝结的水以及漏进来的空气排出去的呢?

这个问题又在困扰着瓦特，经过反复的思考，他想出了一个办法：在下面设计一个排水口，将水自管子中挤压出来，当蒸汽冲进去时，又可以将空气也挤压出来。

瓦特的想法，一步一步地接近了成功的边缘。想到这里，他已走过了两条街。此时，他已得出结论——在汽筒旁边再做一个冷凝器。

瓦特自从有了这种奇妙的构想，整个人都被它迷住了，他匆匆回到家里，一头钻进了实验室。

第二天一大早，瓦特就跑到格拉斯哥大学的一位朋友家里。

"你家里是不是有一个大的黄铜制的注水器?"

"哦! 有的。"

"能不能暂时借我用一下?"

"好的，你拿去吧! 反正是没有用的东西。可是，瓦特先生，你拿它干什么呢?"

瓦特微笑着说:"我想制造一个新的蒸汽机模型。"

瓦特把那个直径10厘米、长7.5厘米的注水器带回家后,马上把它改制成了汽筒。

瓦特最初的蒸汽机模型形成了:一个汽筒,汽筒里面有一个活塞,活塞的最下面,有一个吊东西的钩子。

汽筒通过管子与一个小锅炉相接,蒸汽沿管子进入环形的汽筒内,汽筒因此能保持很高的温度。

汽筒的旁边接着一个冷凝器,冷凝器顶上有一个可以排气的阀门,下面有一个排水的小管子。

小锅炉里产生的蒸汽顺着管子进入汽筒,汽筒里的空气就被压进冷凝器,随着蒸汽越来越多,冷凝器里的空气也从顶上的阀门被压出,这时冷凝器和汽筒都充满了蒸汽。

然后,冷凝器被冷水制冷,里面的蒸汽凝成水,通过小管子不断挤出。与之相连的汽筒内的蒸汽就不断地涌过来被凝结,汽筒成了真空。这样活塞就被空气向上压,不断上升,活塞的钩子上所吊的东西就给吊起来了。

这个装置比纽科门机先进了许多,它能充分地使蒸汽进入到小管子里凝结,由于不浪费蒸汽,效率大大提高了。

"不错!不错!"瓦特高兴得拍起手来。瓦特成功了,他使以往所利用的大气压力改为蒸汽,使过去的气压机械摇身一变而成为真正的蒸汽机械。

87. 舍勒由研究"黑苦土"到发现氧

为生活所迫,舍勒13岁时就去哥德堡一家大药店当了学徒。

　　如果只想当一名合格的学徒倒也简单，可舍勒偏偏要在平凡的制药工作里有新的发现、新的创造，当一名出色的药剂师兼化学家。

　　于是，舍勒在向药店主人包赫学习实际操作技术时，还精心钻研当时最有名的化学家的著作。这样，他很快就能够独立思考，甚至发现包赫先生的错误。

　　一天，包赫先生嘱咐舍勒："在取用药品时，千万不能让液体的'盐精'跟那种特殊的'黑苦土'药混合，否则两种药都会失效。"

　　舍勒听到后答应了一声，可心里面却在想："为什么会失效呢？"

　　晚上，舍勒偷偷来到实验室，想用实验证明包赫先生说的话。可是，当他从两个注明是"黑苦土"的器皿里各取出一份跟"盐精"混合时，却发现其中一份根本没发生变化。

　　舍勒研究了大半个夜晚，终于发现了包赫先生的错误所在：这位资深的药剂师把石墨和另一种外貌相似的黑色矿石都叫作"黑苦土"，而"石墨"跟"盐精"混合是不会发生什么变化的。

　　很快，舍勒成为年轻出色的药剂师，他先后在设备优良的斯哥尔摩沙伦贝格大药房和乌普萨拉大学实验室工作过。

　　在实验室，舍勒发现银盐被光照射后会还原出黑色银粒，这为以后照相底片的发明奠定了基础。

　　接着，舍勒对各类有机酸产生了兴趣，并亲手提炼出乳酸、草酸、苹果酸、没食子酸，成为这一方面的专家。

　　一天，舍勒在去实验室的路上，看到一排从意大利来的酒桶里边有一层红色硬壳，便敲下一块带回去研究。结果发现，这种硬如石块的凝结物能溶于硫酸，变成晶体状的透明物，这种透明晶体能溶于水，且有一股酸味，能作治病的药。他把这种药叫做"酒石酸"，并因此名气大振，成为了一名化学家。那时他只有25岁。

　　舍勒并不满足于此时的成就，转向研究当学徒时非常熟悉的"黑苦土"，想知道它到底是什么物质。

舍勒先把"黑苦土"和盐酸混合在一起加热，只见从混合物中冒出一阵刺鼻的气味，这种气体略呈绿色，他便称这种气体为"氯气"。这时候"黑苦土"已经变成了白色的物体。

后来人们在发现金属锰之后，才知道"黑苦土"原来是二氧化锰，白色的物体是氯化锰。

舍勒又把"黑苦土"和更强的酸硫酸混合再加热，结果冒出的是一种无色的气体。这种气体很活泼，能使火燃烧得更旺。于是舍勒把这种气体收集在猪尿泡里，以便日后继续研究。

在以后的研究中，舍勒惊奇地发现：加热硝酸镁、碳酸银或碳酸汞时，都会泄出同样特点的无色气体，而且这种气体在空气中也大量存在，是万物赖以生存的"活命气体"。得出这个结果后，舍勒正式把这种气体命名为"氧"，并在 *1777* 年出版了一本关于氧气的专著——《论人与空气》。

88. 达尔文由给树苗培土到写作《物种起源》

出身名门的达尔文，在优美的环境中一天天长大。他学会了走路、说话、采摘野草和花朵、捕捉小飞虫，有时还用棍棒当"刀枪"，在花园里和沿河小路上到处"冲锋"，向树上的小鸟"开枪"。

一天，风和日丽，蔚蓝的天空飘着几朵白云，大地散发着诱人的清香。苏珊娜带着达尔文和凯瑟琳在花园里玩耍，两个孩子采了一些花朵，又打算去捕捉蝴蝶。苏珊娜拿起花铲想给丈夫栽的几棵树苗培土。她铲起一撮乌黑的泥土，用鼻子闻了闻，然后把它培在小栗树的树根旁边。

"妈妈，我也要闻闻。"达尔文欢天喜地蹦跳过来，学着妈妈的样子闻着乌黑的泥土，又提出了问题，"妈妈，你为什么要给树苗培土？"

"我要让树苗像你一样壮实地成长。"苏珊娜说，"别小看这些带着大自然气味的泥土，它却是万物生长的基础。是它长出了青草，青草育肥了牛羊，我们才有了肉、奶、奶油和干酪。这泥土使花朵开放，蜜蜂才成群飞来；这泥土滋养着燕麦和小麦，我们才有了粮食和面包。"

"妈妈，那泥土里为什么长不出小猫和小狗来呢？"

苏珊娜笑着耐心地回答说："你怎么提了这样的'傻'问题呢？小猫和小狗是猫妈妈和狗妈妈生的，是不能从泥土里长出来的。"

"我和妹妹是您生的，您是姥姥生的，对吗？"

"对啊，所有的人都是他们的妈妈生的！"

"那最早的妈妈是谁？她又是谁生的呢？"

"听说最早的妈妈是夏娃。不过，我只知道圣母玛利亚，"苏珊娜信教，常带着孩子去教堂做礼拜，她用手指着远方的教堂对儿子说，"就是教堂里那个圣母玛利亚，可能夏娃和圣母玛利亚都是上帝造的。"

"那上帝又是谁造的呢？"

"亲爱的，世界上有很多事情，对于我，对于你爸爸，对于所有的人来说，都还是一个谜，我希望你长大了自己去找答案，做一个有出息、有学问的人。"

达尔文在母亲的鼓励下，开始了探索生命起源的行动。1931年，达尔文随"比格尔"号启程，作了一次长达5年的环球航行。首先是南美海岸，然后是加拉帕戈斯群岛，抵达印度洋及太平洋。在此次漫长的旅途中，达尔文目睹了许多景观，访问了若干原始部落，发现了大量动植物化石，考察了种类繁多的动植物及生活情况。对这些他都作了详细的记录。*1936* 年，达尔文回到家乡后出版了一系列著作，其中就有《物种起源》一书，几年后引起了轰动。

事实上，有史以来任何一本书都没有《物种起源》那样大的发行量，并被社会各界人士所讨论。

89. *14* 岁流浪街头的生物学家法布尔

法布尔（*1823—1915*），法国生物学家。*1878* 年到 *1910* 年，历时三十余年撰写了著名的《昆虫记》，共 *10* 卷，被达尔文誉为"无与伦比的观察家"。

在法国南部的一个名叫圣黎昂的小山村里，*1823* 年 *12* 月 *22* 日，法国著名的生物学家法布尔就诞生在这里。他家十分贫穷，父亲种地，母亲给人缝皮手套。两年后，弟弟的到来，使生活变得愈加艰难了。

贫穷使父亲实在养不活他，在法布尔 *4* 岁时，父亲决定把他寄养在祖父家。

祖父家在距圣黎昂 *40* 公里的马拉瓦，也是个穷山沟。祖父靠辛勤劳作，日子过得还算富裕。善良的祖母会纺线，还会讲故事，故事里那稀奇古怪的情节常会引起法布尔无限的遐想。

马拉瓦没有小学，到了入学年龄的法布尔又回到了父亲身边。他就读的学校十分奇特，课堂又兼作厨房、宿舍、饭厅，甚至还是猪圈和鸡舍。

校长兼教师是村上的理发师兼礼拜堂的打钟人，他常因杂事而给孩子们停课。每当这时，法布尔就被父亲喊回去放鸭子。

除了课堂，法布尔更喜欢野外，那儿有令他着迷的各种各样的小虫和植物，他采花蜜吃，捉小虫玩。

10 岁时，他家搬到罗德兹。父亲在镇上开了一家咖啡馆，法布尔

转入当地天主教小学读书。为了争取免费入学，他不得不在教学里做些杂事。在这里，他才开始正式学些功课，并且学习了拉丁文和希腊文。

他最感兴趣的是拉丁诗人维基尔的作品，因为诗人是用诗来写蚂蚁、斑鸠和乌鸦等小动物的，这对他后来写《昆虫记》很有影响。也正是由于读维基尔的作品，他的拉丁文也学地十分顺利。

父亲咖啡馆的生意一直不好，他家又搬迁了好几个地方。在图卢兹，法布尔读完了小学。

14 岁时，他家又搬至了蒙彼列埃。那时他曾想学医，但因父亲生意倒闭，家里贫苦万分，法布尔只得流浪街头，自谋生路。

面对困苦的生活，他只得拼命工作。他在博凯尔镇卖柠檬，在铁路做小工维持生活。

一次，为了买一本描写大自然的诗集，他花掉了刚挣到的一点钱，只好饿着肚子赶路。他大声朗读诗歌，以便把注意力从饥饿上引开。

法布尔来到阿维尼翁这座较大的城市。他已经 16 岁了，虽然法布尔一直在为生计而奔跑，但他还是以优异的成绩考取了当地的一所师范学校——阿维尼翁师范学校，并且获得了奖学金，免缴两年学费和食宿费。这对法布尔来说真是个天大的福音。

法布尔从师范学校毕业后，被派到卡尔庞特腊当小学教师，负责教授希腊语和拉丁语。在教学之余，他自修了数学、物理和化学。通过刻苦的自学，他又取得了教授数学、物理的资格。

1849 年，法布尔被邀请到科西嘉岛阿雅克肖中学去担任数学、物理教师。他本打算潜心研究数学，努力教学，但岛上千奇百怪的植物深深吸引了他。于是，他一边教数学，一边动手搜集贝壳。

1851 年，著名的生物学家、图卢兹大学教授摩根·坦登来岛上进行植物考察。因为一个偶然的机遇，他碰到了法布尔，并在法布尔家住了一段日子。法布尔常和他一同采集标本，坦登也深为法布尔的勤奋好学而感动。

1854 年，法布尔通过了图卢兹大学的生物学考试，获得了生物学教师资格。

他的本意是想更直接地从事生物学的研究工作。但事与愿违，因为当时中学根本不重视生物课，因此法布尔只得仍旧从事以前的数学、物理教学工作。

1855 年，法布尔在《自然科学年报》上也发表了自己的考察报告，引起了强烈反响。

人们对法布尔别开生面、独树一帜的研究给予了肯定，文章风格也新颖无比。为此他获得了法兰西学士院的生物实验奖状和奖金，这在当时是一项难得的荣誉。

为了深入研究生物学，他想去大学教书，但是需要很多钱。考虑再三，他决定利用学到的知识设法从茜草中提取染料，以支付去大学教书所需的费用。

他对化学可以说是一窍不通，但凭着刻苦钻研的精神，苦干了 3 年，终于成功了。后来，为了改进提取方法，又苦干了两年。

1868 年法国教育部长迪律伊邀请他去巴黎，对他发明化学染料及对昆虫的研究给予表彰。法布尔犹豫了很久，终于来到巴黎。在那里，他接受了法国政府授予的荣誉勋章，并得到了法国皇帝拿破仑三世的接见。

90. 麦克斯韦 14 岁发表论文

麦克斯韦（1831～1879），英国著名物理学家，14 岁开始发表论文，在分子运动论、热力学、视觉理论上都有杰出的贡献，被誉为

"电磁波之父"。

在英国爱丁堡的一个律师家里，*1831年11月13日*，迎来了一个伟大的生命，他就是英国著名的物理学家麦克斯韦。麦克斯韦的父亲约翰先生是个律师，但他热爱科学技术、修房、做玩具，缝衣服样样都行。

在乡村，约翰先生有一座非常幽静的庄园。这里绿草肥美，空气清新，鸟儿在空中自由自在地飞翔。一条清澈见底的小河从庄园旁流过，流向无边无垠的绿草深处。庄园中间那座红瓦灰墙的楼房，是约翰亲手设计的。楼房掩映在绿树丛中，给人以宁静和秀美之感。

麦克斯韦就在这田园般的乡村中度过了自己的童年。

可麦克斯韦童年的欢乐是极其短暂的。他8岁时，母亲因病去世了。母亲的死使他伤心至极。从此以后他变得内向，性格孤僻。

1841年，父亲带着麦克斯韦回到爱丁堡，*10岁*的麦克斯韦被父亲送到爱丁堡中学插班学习。

在中学这段日子里，父亲经常带麦克斯韦到爱丁堡皇家学会听科学讲座。

一天，他们来到科学大厅。只见，讲台上有个圆形大铜盘，金光灿灿，铜盘两侧有块马蹄形磁铁。麦克斯韦个儿小，一下钻到讲台前，他发现铜盘的边缘和中间有一根导线，两根导线连着一个电流表。

"先生们！"一个学者高声说道，"这是大科学家法拉第用了整整*10年*功夫研究制成的第一台磁感应发电机。下面，我来给大家演示一下。"

说着，他摇动摇柄，铜盘飞快地转动起来。不一会儿，只见电流表上的指针移动了。

"哇！真不可思议。"麦克斯韦高兴地叫道。

回到家里，麦克斯韦躺在床上，脑子里全是今天看到的试验：

"为什么铜盘在磁铁中间一转就产生了电流，而不转就没有电流呢？电和磁以及运动这几者有什么关系呢？"

他反复思考着这个问题，难以入眠。第二天，他到处去找有关法拉第的书，搜集有关电和磁方面的资料。他还从一些杂志上剪下法拉第的照片贴在床头，以此来鼓励自己努力学习。麦克斯韦成了个电学迷。

光阴如梭，两年过去了。爱丁堡中学一年一度的数学和诗歌比赛，评选揭晓。大红榜上写着："数学比赛第一名麦克斯韦；诗歌比赛第一名麦克斯韦"。

比赛的成功极大地激励了麦克斯韦。他更加刻苦学习，还不到 15 岁就写了一篇论文，题目叫《论椭圆和蛋形曲线的绘制以及数学公式》。论文写好了，父亲一看简直不敢相信，因为这个论题对于一个 14 岁的孩子来说太深了。

父亲把论文送到爱丁堡大学，请著名的数学教授鉴定。

第二天，教授把论文拿给同事们看。大家都表示怀疑。有的人甚至说这可能是从书上抄来的。

于是，大家就忙开了。一连几天，他们翻遍了所有新出版的数学杂志。最后，教授终于从 17 世纪法国数学家笛卡尔的论文中找到了这个问题的研究。他把麦克斯韦的论文同大师的比较，使他吃惊不小。原来，二者的数学公式是一样的，但麦克斯韦的算法完全不同于笛卡尔的方法，而且比之更简洁。最后，教授和同事们认定论文完全是麦克斯韦独立完成的。

他们一致决定在皇家学会上宣读这篇论文，并要发表在《爱丁堡皇家学会学报》上。

皇家学会特别授予他数学金质奖章，麦克斯韦也因此获得了"少年数学家"的美称。

此后，麦克斯韦更加热衷电与磁的研究，并取得了一定成就。人们为了纪念他，把磁通量的单位命名为麦克斯韦。

91. 拉埃内克受木料启发制作听诊器

1816 年的一天，快到中午的时候。拉埃内克的诊所来了一位病人。她是位贵族小姐，当病人们都离开后，她才胆怯怯地蹩进诊所的大门，低着头在拉埃内克桌边坐下。

拉埃内克瞧了病人一眼，发现她脸色苍白，嘴唇发紫，坐在那儿略显出气喘吁吁的模样。恐怕是心脏出了毛病，拉埃内克略一思索，便作出了初步的诊断。他问了病人几句话，便站起身来，把临街的窗帘拉上，同时把诊所的门关上，对她说："小姐，请把您的外套和胸衣解开，让我听听您的心脏。"

这本是一个最简单、最合理的要求。一位医生必须了解病人的病情。对心脏病人，需要用耳朵贴在病人胸前，才能听清病人心脏有什么异响，判断其患病的程度。为了这位小姐的方便，拉埃内克背过身去，等候病人处理好自己的衣衫。

可是，当拉埃内克等候了一会儿，再回过头来的时候，却发觉那位小姐根本没有动手，两眼噙满泪水，呼吸更加急促，苍白的脸颊涌上了一抹红晕。拉埃内克笑了笑，对病人说："小姐，我得检查一下您的心脏，请……"拉埃内克不说便罢，只这一句话，就把病人吓得哇地一声哭出来，她匆匆收拾了自己的包，站起来冲出了诊所。

拉埃内克怔怔地在诊所里站了一会儿，尴尬地摇了摇头："这可不是我的责任"。但是，一上午愉快的心情一下子被冲得干干净净。他关好诊所大门，慢步向住宅走去。一边走，一边还在为刚才那一幕感到内疚。作为一名医生，总应该找到办法，解决病人这种难言的困难吧。

当拉埃内克经过一片树林时，听到了女儿愉快的笑声，靠近时，发现她在与一些小朋友们玩一种有趣的游戏。

只见女儿正跪在草地上，把脑袋枕着一根长长的木料，大声地数着："两声，五声，这下是七声，对不对？"等木料那头的男孩子大声回答："对啦！"女儿又禁不住高兴地笑出声来。忽然，她看到了拉埃内克，便朝他招着手："爸爸，快来，这木头里有个小精灵，它会告诉你法郎西斯敲了几下。"

慈爱的笑容出现在拉埃内克脸上，他走上前去，跟女儿一同做起游戏来。当他把耳朵贴紧那木料的时候，果然听到木头的那端传来了响亮的咚咚声。奇怪，那个男孩敲得并不重，木头里怎么会有这么大的响声呢？

整个下午，拉埃内克总是心不在焉，他似乎发现了什么，却又抓不住一点实在的影子。等到他想得头脑发胀，甚至可以感觉到太阳穴的血管在咚咚发响的时候，他忽然醒悟过来：对呀，微小的声音在木头里直线传播，不像在空气中那样四散，能清清楚楚传导进自己的耳中。如果能按这一原理做一个心音传导器，那不就能避免上午那个女病人的尴尬了吗？

一连几天，拉埃内克用业余的时间画图纸，做木匠。他为了增强声音传导的效果，在一枝木棒的两端接上了两个喇叭形的附件，让接收到的声音更多。等这种工具做好之后，他又把女儿找来，告诉她："玛丽，咱们继续做那天的游戏，怎么样？"当他把木棒的一端贴在女儿心脏部位，耳中清晰地传来了女儿微弱的心跳声，女儿的心脏比成人跳得快些，但绝对正常。好奇的玛丽也要听听，当她在木棒那头，听到拉埃内克的心跳声时，高兴得跳起来："我听到了，是爸爸的心在跳！"

在作了几次成功的试验后，拉埃内克想到了那天中午没有成功的诊疗。于是，他提着药箱，亲自到那位羞于被人听心音的小姐家中出诊。他要对每一位病人负责，顺便也能试着宣传一下自己新的医疗器械。

当拉埃内克说明来意后，那位害羞的小姐将信将疑地走出来，当确定再也不用脱去外衣检查心脏后，才决定让拉埃内克诊治。

拉埃内克请女仆解开小姐的两个纽扣，把木棍抵住她的心脏部位，自己远远地去木棍另一端听她的心跳声。果然，他听出这位小姐的心律不齐，而且明显的有先天瓣膜不全的毛病，难怪她的嘴唇会发紫呢。于是，拉埃内克给她配了些能稳定心跳的生物碱，并指导她如何养生。

从此以后，拉埃内克的听诊器很快在医生中推广开来。经过几代医生的努力，听诊器已从实心的木棍变成空心的金属管，中间还加了柔软的橡胶管，在贴胸的那端还设计出可以增强声音的膜片。直到现在，当病情不必用心电图诊断的时候，医生们依然在使用着经过了改良的拉埃内克的听诊器。

92. 从"魔术"带来发明的莫尔斯

1832 年秋，画家莫尔斯搭乘"萨里号"游轮返回美国。轮船在茫茫大海上航行，时间一长，旅客们就有点厌倦了。这时，一位名叫杰克逊的青年表演起"魔术"来。他将一块绕有绝缘铜丝的马蹄铁块放在桌子上，把铜丝通电，马蹄铁就有了一股无形的力量，把一些铁钉、铁片吸了过去。当切断电源时，马蹄铁的吸引力便消失了，那些铁钉铁片也马上掉了下来。

旅客们大感兴趣，纷纷自己动手尝试。莫尔斯试了好几次。"这真是太神奇了！"他仿佛看见了一个奇妙无比的新天地。杰克逊告诉莫尔斯这叫电磁感应现象，还向他介绍了许多电的传递知识。

莫尔斯完全被电迷住了，连续几个晚上都失眠了。他想："电的传递速度那么快，能够在一瞬间传到千里之外，加上电磁铁在有电和没有电时能作出不同的反应。如果利用它的这种特性不就可以传递信息了吗？"

莫尔斯这位颇有成就的绘画教授决定放弃他的绘画，发明一种用电传信的方法——电报。

回到美国，莫尔斯就开始着手研究这个问题。没有电学知识，他便如饥似渴地学习。遇到一些不懂的问题，便向大电学家斯特尼请教。他的画室也成了电学试验室。画架、画笔、石膏像等都被堆在了角落，电池、电线以及各种工具成了房间的"主角"。

渐渐地，莫尔斯掌握了电磁的基本知识。他开始正式向"电报"发起冲击。

莫尔斯从有关资料中得知，在他之前，早就有人设想用电传递信息。早在 1753 年，当时人类对电的认识还处在静电感应时代，一位叫摩立逊的电学家，就曾做过这样一个试验：架设 26 根导线，每根导线代表一个字母。这样，当导线通电时，在导线的另一端，相应的纸条就被吸引，并记下这个字母。当时由于电源问题没有解决，摩立逊的实验也就未能进一步深入。

经过 3 年的试验研究，莫尔斯不知失败过多少次，但他仍不灰心，总结了以往失败的原因：以前为了表达 26 个字母而设计的极为复杂的设备，制作起来是非常困难的。电流是神速的，如果它能不停顿的走 10 英里，我就让它走遍全世界。电流只要截止片刻，就会出现火花；没有火花是另一种符号；没有火花的时间长些又是一种符号。这里有 3 种符号可以组合起来，代表数字和字母。它们可以构成全部字母，文字就能够通过导线传递了。那么，在远处能记录消息的崭新工具就能实现了!

"用什么符号来代替 26 个英文字母呢?"莫尔斯陷入苦苦的思索之中。

莫尔斯每天都趴在桌上不停地画着,他画了许多符号:点、横线、曲线、正方形、三角形……最后,他决定用点、横线和空白共同承担起发报机的信息传递任务。他为每一个英文字母和阿拉伯数字设计出代表符号,这些代表符号由不同的点、横线和空白组成。

这是电信史上最早的编码,后人称它为"莫尔斯电码"。

有了电码,莫尔斯立刻着手研制电报。他在极度贫困的状态下,进行研制工作。终于在 1837 年 9 月 4 日,首次制造出了一台电报机。它的发报装置很简单,是由电键和一组电池组成。按下电键,便有电流通过。按的时间短促表示点信号,按的时间长些表示横线信号。它的收报机装置较复杂,是由一只电磁铁及有关附件组成的。当有电流通过时,电磁铁便产生磁性,这样由电磁铁控制的笔也就在纸上记录下点或横线。这台发报机的有效工作距离为 500 米。

莫尔斯认为这种发报机还有许多缺点,决心加以改进。不久改进工作完成了,余下的工作就是检验发报机的性能了。莫尔斯计划在华盛顿与巴尔的摩两个城市之间,架设一条长约 64 公里的线路。为此,他请求美国国会资助 3 万美元作为实验经费。国会经过长时间的激烈辩论,终于在 1843 年,通过了资助莫尔斯实验的议案。

1844 年 5 月 24 日,在华盛顿国会大厦联邦最高法院会议厅里,开始进行电报发收试验。年过半百的莫尔斯在预先约定的时间,兴奋得向巴尔的摩发出人类历史上第一份电报,从而揭开了电信史上新的一页。

93. 门捷列夫"梦"中得出元素周期表

门捷列夫于德国海德堡大学毕业后，拒绝了德国多个著名研究机构的聘请，毅然回国在彼得堡大学任教。

彼得堡大学的原教材十分陈旧，不能反映当时世界的最新成果。门捷列夫的第一个任务，就是赶快为学生们编写一本系统的化学教材。门捷列夫在编写这本名为《化学原理》的教材第一卷时十分顺利，但在编撰第二卷"化学元素的描述"时，却遇到了意想不到的麻烦。

当时，64种已知元素的内部结构已经被揭示出来，但还没有人指出这些已知元素之间的关系。以前的教科书都只是简单的按各元素发现时间的先后，或者按它们在自然界含量的多少来排列。门捷列夫不希望自己的课堂成为杂货铺，胡乱对学生们介绍一通。而且，他还隐隐觉得，这些已知元素本身具有一种客观存在的序列，自己的讲义应该正确反映出这种科学规律。

可是，64种元素无论怎么排，总无法找到它们之间的规律。门捷列夫一时不能找到第二卷的门径，只能一边按旧的教材上课，一边向学生们陈述自己的看法，同时加紧研究。

门捷列夫把记载着64种元素特征的卡片摊开在工作台上，像玩扑克牌般排了又拆，拆了又排，但始终无法解决自己追求的元素序列之谜。

一天，门捷列夫的好友，彼得堡大学地质学教授依诺斯特兰采夫来拜访他。

"您在忙什么，在玩牌吗？"依诺斯特兰采夫见门捷列夫手里拿着扑克牌的卡片，神情有些忧郁地站在书桌边。

别人在玩扑克牌的时候，或是兴高采烈，或是漫不经心，可是没有人会像门捷列夫那样煞费苦心、绞尽脑汁的！

门捷列夫向依诺斯特兰采夫说起了他的工作，最后，他有点沉痛地补充到："一切都已经想好了，可还是不能制成表。"

门捷列夫感觉自己现在已经站在科学真理的大门口，却总是找不到打开大门的钥匙。转眼到了第3个年头，64张卡片早已换过两遍。但还有那么三四张无法跟门捷列夫设想的规律吻合。为了突破这最后一关，门捷列夫把自己关在工作室里，一连三天三夜没出门一步，也不让任何人进门。他做出了无数种设想又一次次推翻，那三四个元素总无法顺利排入表格。

夜深了，门捷列夫迷迷糊糊地睡着了。梦中，他还在继续摆着三年多来魂牵梦萦的元素表。他分明看到，那张表格上余下的格子里，几种闪着奇异光泽的金属正在闪现，它们闪着闪着，忽然间全不见了，格子里一片空白。门捷列夫一下子惊醒过来，豁然开朗："这64种元素绝对不会是自然元素的全部！"他急忙把梦中那几个格子空出来，整个元素的序列立刻展现出它们固有的规律。门捷列夫终于完成了"元素周期表"，把自己的事业推到了一个新的高度。

门捷列夫把余下的空格命名为"类硼"、"类铝"、"类硅"，并预言了它们的特性和化学数据。17年后，科学家们分别在闪锌矿里提炼出新元素键，发现了新元素钦，又在银矿石里找到与银共生的元素锗，它们的化学特性分别跟门捷列夫描述的"类硼"、"类铝"、"类硅"一模一样，为"元素周期表"的完善提出了有力的佐证。

94. 由老鼠引起发明的查理斯

世界上第一条地铁是由蒸汽机车牵引的，车厢是木制的，车厢内用煤气灯照明。因此，地铁隧道内终日浓烟滚滚，气味呛人。蒸汽机

排出的水蒸气、燃料燃烧产生的烟雾，煤气灯泄漏的煤气全部聚集在隧道内。

即使这样，这条原始的地铁仍然是人类交通史上的极大突破，并且较好地缓解了当时英国伦敦的交通拥挤问题。

19世纪中叶的英国伦敦马路窄小，人流如潮，遇到马车通过，整条道路便被堵得水泄不通。

伦敦政府部门对这种交通状况忧心忡忡，但又束手无策。无奈之下，他们决定广泛征集改善交通状况的良策。

这个时候，一位名叫查理斯的法官向政府提出了修建地下铁道的建议。

查理斯每年不知要处理多少起因车辆拥挤引起的纠纷，对伦敦的交通拥挤深有体会。他认为，要改善城市交通状态，必须提高人的流动速度。马车载人少，而且速度慢，自然容易引起交通堵塞，所以必须使用速度更快的交通工具。

查理斯开始觉得用火车最理想，载人多，速度又快。但是，火车在城市里怎么跑呢？查理斯又陷入了深思。他不愿就此罢休，力求寻找突破点。

就在查理斯冥思苦想的时候，机遇来到了他的面前。在他打扫家里的卫生时，注意到墙角边有一个老鼠洞口，一直通到墙外，查理斯没有忽视这个现象，他的脑海中忽然迸发出一串智慧的火花："火车无法在地上行驶，那可不可以转入地下行驶呢？"

查理斯对这一设想进行了论证。经过缜密的分析，他认为"让火车入地"这一方案完全可行。

1843年，查理斯向政府提交了这个提议。经过马拉松式的论证，办事拖沓的政府部门终于正式采纳了查理斯的建议，组织了大约900名工人，开始修建地下铁道。

没想到，这个工程却引起了居民们的恐慌和不满。他们有的认为地下铁道将危及地上房屋的安全，有的认为地下火车随时都会出车祸。许多人还涌到政府，要求停止修建地下铁道工程。

政府部门向居民反复解释了工程的安全性，居民们才渐渐理解和支持。

地下铁道建成后，在居民中掀起一股热潮。许多居民出于好奇心，争先恐后地乘坐地铁。不过，最初的地铁乘坐起来并不舒适，因此这股热潮一过，几乎就无人问津了。

1896年，在匈牙利首都布达佩斯，诞生了世界上第一辆电动地铁列车。它没有污染，行驶速度快，深受人们的欢迎。此后，电动地铁列车相继出现在世界各大城市，成为人们主要的交通工具之一，一直沿用到今天。

95. 伦琴由一时疏忽到发现 X 射线

1888年，威廉·伦琴当上了维尔茨堡大学的校长。这个头衔使伦琴感到烦恼，他觉得自己本质上只是一位学者，只熟悉实验室，只想去探寻大自然的奥秘。他的天职是丰富人类的知识宝库，而不是在行政事务里荒废光阴。于是，威廉把一切恼人的事务都委派给自己的副手，让校务委员会去决定一切，请他们在必要的时候才找自己，完成校长名义上必须完成的任务——在文件上签上自己的姓名，而把属于自己的时间全都用到了科学研究上。他觉得只有这样才实现了自我，生活也更加有意义。

1895年11月8日，这时的德国，天气已经很冷了，伦琴在实验室泡了一整天，研究的是阴极射线。为了使射线集中向一个方向集射，他在发射管外包了一张黑色的硬纸筒。这样，除了一个方向，其他方

181

向不会有射线溢出。

回家的路上，伦琴突然记不得自己是不是关上了电源。灯关了，电源不切断，发射管便会损坏。这种马马虎虎的事已发生过好多次，他宁愿再回实验室一趟，也不愿自己宝贵的实验设备出毛病。

打开实验室大门，伦琴立即看到，阴极发射管附近有微光。好险，幸亏自己决定回来，否则又得申请更换设备了。他正要去切断电源，突然发觉那微光不正常，他已经能辨别室内部位，那种荧绿色的微光不仅不在安放发射管的地方，而且光色也不对。

伦琴打开电灯，看到发光体居然是仪器旁边桌上的一块纸屏，纸屏上，伦琴曾镀过发光晶体，这种晶体在高能粒子流的放射下，会发出莹绿的光。

哪来的高能射线流？阴极射线管四周套着黑色硬纸板圈，它根本不可能射向纸屏。为了把这莫名其妙的情况弄个水落石出，伦琴决定留在实验室。

伦琴没有切断电源，只是把灯关了，纸屏上的微光又出现了。接着，他把电源切断，阴极发射管停止工作，那团荧光立即消失。看来，阴级发射管居然还发射一种人的肉眼无法感知的，能够穿透黑色硬纸板的射线束。

此时，伦琴猛然想起那一包无人拆动却毫无道理曝光的感光片，不正是放在与纸屏同一张桌子上的吗？那时还以为是感光片的问题，但现在看来，作怪的是同一种射线，一种伦琴从未知道的射线。伦琴开始意识到，一次偶然的疏忽让他站到了一种新的物理现象发现的大门口。

伦琴在实验室一连住了十几天，测试这种射线的特征。穿透力是测试的重点，他找来种种能隔开射线穿透的材料，把感光片贴在它们后面，照射后拿去冲洗。金箔、银箔、铁片、木板，都一一试过，这些材料都挡不住未知射线的穿透。

最后一次，伦琴取来一块小铅板，它没能完全遮没感光片，他只得用手扶住它。谁知底片冲洗出来以后，伦琴又意外地发现，底片上铅板部分没被感光，而自己那只手，也在底片上留下了痕迹，留下的是自己手的骨骼图像。结论已经有了：神秘的射线不能穿透铅板，也不能穿透人的骨骼；因为骨骼主要是由钙构成的，射线穿不透钙质。

伦琴立即举行了实验结果报告会，到会的科学家里，最激动的当数大学里的医学专家。他们从伦琴的实验结果里找到了一种强有力的科学手段。凭借伦琴的射线，医学家可以穿透人的皮肉看到骨骼的真相，确定与骨骼有关的病情。而以前，他们只能凭经验，或者动手术切开皮肉才能看到真相。医生们建议，把这种新发现的射线称作"伦琴射线"，但伦琴当场表示：新射线的许多性质还不清楚，还要对射线做进一步的性质测试，因此他决定把射线称作"X"射线。

96. 4岁才会说话的物理学家伏特

伏特（1745～1827），意大利物理学家。1775年发明起电盘，1800年，发明电池。今天仍在使用的使电流动的运动驱动力的单位"伏特"就是以他的名字命名的。

在意大利伦巴第住着一个没落的贵族，伏特就是这家庭中的一员。除伏特外，他的7个兄弟姐妹长大后都参加了神职工作。

伏特并非神童。他4岁才会说话，甚至被家里人认为智力低下。7岁时，他赶上了其他孩子，接着他的智力超过了他们。

伏特从小就对科学有远大的抱负，14岁时便决心当一个物理学家。

一个偶然的机会，伏特读到了英国科学家普利斯特利的一本电学著作，激起了他对以后占据当代科学舞台的电现象的浓厚兴趣。当时，他甚至还写了一首相当不错的关于电学的拉丁文长诗。

1774 年，伏特在科莫中学担任物理教师。第二年，他发明了起电盘。他在给普利斯特利的信中描述了他的这个发明，这个装置就是今天仍在使用的电容器的前身。

伏特的名声因此传播开去。1779 年，他被聘为帕经亚大学的教授，并继续从事电学研究。不久，他发明与静电有关的设备。

1791 年，由于以上成就，他获得了英国皇家学会的科普利奖章，被选为该会会员。

解剖学家伽伐尼是伏特的好朋友，他有一次注意到，当电器开动时，若用金属解剖刀触一条蛙腿，就会猛然抽动。

于是他宣称有"生物电"这样一种东西，并写在一篇论电流的文章里给伏特看。

这个现象引起了伏特的重视。他反复进行这方面的实验，着手研究这样一个问题：

肌肉接触两个不同的金属时，所产生的电流究竟是由肌肉组织产生的，还是由金属本身产生的？

为了验证这一点，伏特于 1794 年决定只用金属而不用肌肉组织进行实验。

他立刻发现，电流的产生和持续与肌肉组织并没有关系。他又重复多次进行实验，证明了自己得出的这个结论。

1800 年，伏特经数年研究终于制成一种能产生很大电流的装置。他用几个盛有盐溶液的碗，彼此之间用弓形金属条连接。金属条有两类，一类为铜，另一类为锡或锌，两者间隔放置。这样便产生出一股稳定的电流，这就是历史上的第一组电池。

在此基础上，伏特又大胆进行了改进。他用小圆铜板和小圆锌板以及浸透了盐溶液的硬纸板圆片，做成体积小含水少的装置。从底部开始，往上依次为铜、锌、硬纸板、铜、锌、硬纸板……

如果将金属线接到这个"伏特电池"的顶端和底部，电路闭合时就会有电流通过。

不久，英国科学家尼科尔森就把伏特电池付诸实际使用，用电流分解水分子。

伏特电池的发明，激发了英国化学家戴维的灵感，使惊人的研究成果不断问世。

电池的发明令伏特的名声达到了登峰造极的地步。

现在，使电流运动的驱动力的单位被称为"伏特"，就是为了纪念他而命名的。

97. 5岁丧父立志成才的科学家琴纳

琴纳（1749～1823），英国科学家。1798年发表了《接种牛痘的原因和效果》，使几千年来被人们称作巨大灾难的恶魔——天花不再成为威胁人们生命的疾病。

1754年，琴纳的父亲因病去世了，5岁的琴纳跟母亲搬到在伯克利教区当牧师的哥哥家居住。

琴纳13岁时，哥哥把他送到颇有名气的外科医生卢德洛的诊所成为一名小学徒。

卢德洛的诊所是一个既陌生又新鲜的新天地，琴纳很快就适应了这里的一切。

琴纳看到洁净的小柜子里有闪闪发光的手术刀，墙边一排排架子上放着各色瓶子，这些都吸引了琴纳的好奇心。

特别是墙上的一张人体解剖图，琴纳总是呆呆地站在那儿，看不够。卢德洛高超的医术也吸引着琴纳。

在老师的细心指导下，琴纳很快读完了老师珍藏的医书，并很快记住了许多病例的治疗方法。

一天，他随卢德洛出诊。他们看到一个病人满身流脓，在床上奄奄一息，快要死了。

老师摇摇头，拉着琴纳离开了那儿。在路上，老师告诉琴纳，病人得的是无法医治的天花。

"我小时候就被关到接种棚里，被人用绳子拴着，用涂有天花脓液的刀在手臂上划个口子。然后，头痛、发烧、耳朵里嗡嗡直响，足足熬了3个星期。而且和我一起接种的一个小伙伴，后来还死了。"琴纳说道。

"你说得不错。有人只知道得过天花的人便不会再得，所以有意用轻度天花病人的脓液来给健康的人接种，让人先得一次'小天花'。不过，这种方法十分危险，你的小伙伴就是这种方法的牺牲品，而你是个幸运儿。"老师说道。

"老师，听说在奶区工作的人，得过牛痘就不会传染天花，对吗？"琴纳问道。

"这只是一种民间的传言，并没有根据。而且，我曾亲眼见过一些病人虽然曾得过牛痘，但后来还是染上了天花。"老师说道。

路上琴纳向老师请教了关于天花的预防问题。回到诊所，琴纳还在想着这个问题：

"难道天花就不可能被战胜吗？牛痘到底能不能预防天花呢？"这个疑问萦绕在琴纳的脑海中，使他彻夜难眠。

时光飞逝，眨眼间，琴纳已经是个18岁的小伙子了。他以出色的才华深受卢德洛老师的喜爱。

为了进一步培养他，老师把他推荐到大名鼎鼎的名医亨特那里去学习。

亨特治学严谨，医术超群，在医学界有极高的声誉。琴纳认真地跟老师学习解剖学和医学理论。

不久，他便成为老师手下的得意门生，经常随老师出诊。

两年后，琴纳学习期满，他告别了老师，回到家乡伯克利村开了一家诊所。琴纳以自己精湛的医术成为当地有名的医生。

琴纳在医学道路上不断探索，攻克天花成了他的奋斗目标。经过多年的努力和实践，1788 年，他的论文《接种牛痘的原因和效果》发表了，这在世界医学界引起了震动，使天花成为可以医治的疾病。

98. 童年建立"博物馆"的细菌学家科赫

科赫（1843～1910），德国细菌学家。他是结核杆菌的发现者，曾任德国柏林大学教授、传染病研究所所长。1905 年获诺贝尔生理学或医学奖。著有《细菌保藏和摄影方法的研究》等著作。

1843 年 12 月 11 日，科赫出生在美丽的小城德国汉诺威省的克劳斯塔尔地处哈尔茨山区，有茂密的原始森林和丰富的矿藏。

科赫的父亲赫尔曼是个见多识广、积极向上的人。他工作努力，肯用脑子，先后担任了采矿公司主任和普鲁士政府的矿业顾问。科赫共有 12 个兄弟姐妹。只要有时间，父亲就把他们召集起来，坐在自己家后园的大树下，给他们讲大自然绮丽的风光和异国风情。

美丽的大自然强烈地吸引着孩子们。在哈尔茨茂密的树林里，清晨的阳光透过树枝像一枝枝金箭射进来。树林里轻纱似的白雾缠绕在树木之间，给人以宁静、朦胧的美感。

每天吃过早饭，科赫便和兄弟姊妹们以及酷爱大自然的小伙伴来这里尽情的玩耍。

有一回，大家玩捉迷藏的游戏，轮到科赫找大家。伙伴们立刻分头躲藏，可等了老半天不见科赫来找，怎么回事呢？

原来，伙伴们刚走，科赫便发现前面一棵树上有一只美丽的甲虫。

他立刻跑过去，蹑手蹑脚地往树上爬去。他爬到树杈上站稳了，从衣袋里拿出专门捉昆虫的布袋子，左手扶着树干，右手撑开袋子，把甲虫装进袋子里。

"喂，科赫，你在干什么？"站在树下的伙伴们喊道。

科赫捉到了甲虫，高兴地从树上爬下来，大家立刻围住了他。

一个金发女孩问："科赫，你采集树叶、捉昆虫，还收集些石头，这有什么用途吗？"

科赫笑笑说："告诉你吧，这里头可有学问呢！我爸爸有一本书，介绍各种事物，我就是照着书上说的收集的，不信你们到我的'博物馆'去看看。"

第二天，小伙伴们来到科赫家里。他们排着队一个一个走进科赫的"博物馆"进行参观。

只见木盒子里用小钉钉着大大小小的昆虫，下面还写着昆虫的名字和所属类别。一个个光亮的矿石摆放得整整齐齐，下面也有说明。

看完后，大家都夸奖说科赫真不简单。

从此，科赫被小伙伴们称作"小博士"。

从小学到高中，科赫学习十分努力。他的数学和自然科学成绩十分优异。他还学会了拉丁语、希腊语和法语，英语讲得也很流利。

大学预科学业结束时，他由于家庭经济拮据，险些没上成大学。

后来，他家得到一笔财产，科赫才得以顺利地进入著名的哥廷根大学学习。在大学里，学习更加刻苦。

不久，他又面临选择专业的问题。他想起父亲曾经给他讲的美丽的异国风光。所以，他为了实现儿时的梦想，毅然选择了医学专业。

在以后的时间里，他致力于细菌学的研究。他首次发现了结核杆菌，并于 1905 年获得诺贝尔生理学和医学奖。

99. 从游戏引起发明的贝尔

贝尔永远不会忘记童年时玩过的一个非常有趣的游戏：他们把一根长长的线穿在两只空罐头的底部，然后，一个人把空罐头放在嘴边说话，另一个人把空罐头按在耳朵上，当拉紧那根线时，说话的声音会清清楚楚通过直直的线，一直传到另一端。他们把这种游戏称作"情侣电报"。

在贝尔出生时，一位由画家成长为发明家的欧洲移民已经发明了有线电报。本来，出生在苏格兰的贝尔跟电报并没有缘分。他的父亲是一位纠正发声的专家，担任聋哑人发声的指导工作，贝尔年轻时也跟父亲一样，当了聋哑人的发音私人教师，并且还跟一位聋哑少女结了婚。

可是，这位专门研究语言的青年学者却对电磁发声的原理产生了极大的兴趣。当贝尔全家从苏格兰移民到美洲，他被波士顿大学聘请担任语言教师后，便参加了莫尔斯电报机的改进工作。于是，他产生了一个念头：能不能不用电码，直接把人的声音传递到接收者那里去呢？这个把声音和电结合起来的想法，使贝尔走上了发明家的道路。

自从萌生了让电直接传达声音的念头，贝尔便记起了这种游戏。假如能把空的罐头变成声音，把声音改换成电讯号。再把电讯号还原成声音的装置，中间用导线连接起来，这样用电传达声音的目标不就能实现了吗？关键在于如何实现声音和电流的相互转换，在这个尖端的物理学课题方面，只具备声学知识和语言知识的贝尔显然还称不上专家，他需要学习，需要向内行请教。

贝尔开始深入地钻研起电磁学原理来。他参加过电报的改良工作，所获得的知识虽然不无帮助，但电报传达的只是十分单一的长短两种信号，语音信号却全然不同，要比电报信号复杂得多。他跟自己的助手华生合作，试制了一种金属膜片，在膜片中心设置了磁性的簧片，这样一来，人发出的声波会引起它的震动，产生各种频率的振荡。但这种振荡又如何变成可传导的电磁波呢？贝尔一下子无法解决这个棘手问题，于是，他向各方面的专家求教，希望能得到他们的指导。

就在这时，爱迪生给予了贝尔很大的帮助，他建议说："碳粉的密度可以改变电阻，从而改变通过它的电流强度，何不试试碳粉的这一特性呢？"

按照这种正确的思路，贝尔和他的助手华生把自己的金属膜片装在了填充着碳粉的容器上，当人发出的声音通过膜片作用到碳粉上时，碳粉便会因为音波的冲击不断改变密度，从而产生不同强度的电流。反过来，不同强度的电流使碳粉的密度改变，又会使膜片发生振荡，产生出相应的声波，这便产生了送话器和受话器，声音由电流直接传达的目标就能实现。

1876 年 2 月，贝尔和华生终于造出了第一只送话器和受话器，他们分别在自己的房间里装配上器械，并用电线连接起来，然后通上了电流。

就在这时候，贝尔不小心碰翻了自己的电池，蓄电池里的稀硫酸泼到了桌子上。情急之中，贝尔喊道："华生，快来帮忙，我这边出事了。"他的话语，在远处的华生通常是听不到的。但是，华生却万分激动地飞跑过来，喊道："你刚才在喊我，是不是？"无意之中，他们已经完成了通话，华生在受话器那一端，清清楚楚接收到了贝尔送话器传递过去的声音。

电话研制成功了！

100. 奥斯特发现电流的磁效应

奥斯特是著名的丹麦物理学家。他出生于兰格朗岛鲁德乔宾的一个药剂师家庭，十七岁时考入哥本哈根大学。

在他的一生中，奥斯特曾对物理学、化学和哲学都进行过多方面的研究。由于受康德哲学与谢林的自然哲学的影响，奥斯特一直坚信自然力是可以相互转化的。但是，在科学研究上，他是一位热情洋溢的，重视科研和实验的教师。他说："我不喜欢那种没有实验的枯燥的讲课，所有的科学研究都是从实验开始的"。因此，奥斯特深深地受到了学生们的欢迎。

奥斯特长期从事电流和磁的研究工作。他在科学史上，最大的贡献是，他于1820年，发现了电流对磁针的作用，即电流的磁效应，这一发现，使欧洲物理学界产生了极大震动，导致了大批实验成果的出现，由此开辟了物理学的新领域——电磁学。除此而外，奥斯特还是卓越的讲演家和自然科学普及工作者，他在1824年倡议成立丹麦科学促进协会，创建了丹麦的第一个物理实验室。

为了纪念奥斯特在电磁学上的贡献，1934年召开的国际标准计量会议通过了用"奥斯特"命名单位制中的磁场强度单位。同时，作为一位优秀的物理学教师，美国物理学教师协会从1937年起，每年颁发一枚"奥斯特奖章"奖给在教学上作出杰出贡献的物理学教师。

101. 潘琴由加热黑色沉淀物到发明染料

一天，潘琴的老师霍夫曼沉思自语：能否用煤焦油化学药品来合成奎宁？奎宁是抗疟疾药品，如果合成成功，必将使欧洲国家摆脱依赖遥远的热带国家供应奎宁的局面。

老师的想法使潘琴觉得很有意义，便在家开始做实验，但他失败了。当时还没有人知道奎宁的结构，即使知道，凭当时仅知的几种合成方法要制出奎宁来也十分困难。

18岁那年，潘琴大二了。暑假时，他想利用这段时间做一些研究。于是，斯托曼尔教授推荐他试试金鸡纳霜的化学合成。

潘琴知道已经有人在研究治疗疟疾用的金鸡纳霜了。"到目前为止还没有人取得成功，你可以试一试呀。"斯托曼尔教授笑着拍了拍潘琴的肩头。

潘琴点点头，开始忙开了。一次次的试验，一次次的失败。眼看假期一天天的过去了，潘琴的实验还是一无所获。

一次，潘琴将重铬酸钾加入从煤焦油里提炼出的苯胺里，结果还是失败了。潘琴气急之下，正准备将试管扔了。突然，他发现试管底部有一些奇怪的黑色沉淀物。潘琴正打算把这团沉淀物倒掉，忽然心生一念：给沉淀物加热，看它是否还原。他点燃酒精灯，仔细观察沉淀物的变化，结果惊奇地发现，黑色的沉淀物渐渐地变成紫色的液体。

这颜色太美丽了！潘琴马上想到这东西或许可以作染料。他把一些紫色液体涂在白纸上，白纸立刻变成了紫色。他又将紫色液体涂在几种丝织品上，效果非常理想。他看到了这种紫色液体的应用前景。当时的染料都是天然颜料，来源不广，价格昂贵，而且只有很少的染料可以牢固地附着在织物上。而他的染料的主要原料苯胺，是从煤焦油中提取的，来源充足，效果也很好。

潘琴把他的紫色化合物样品寄给苏格兰的一家染坊。复信是令人振奋的，说经它染的丝非常漂亮，而且永不褪色，还问这种染料是否容易制取。

潘琴满怀信心地作出了决定，他将这种染料的制作方法申请了专利，父亲和哥哥鼎力支持他。1857 年，潘琴一家办了一座染料工厂，经过六个月的不懈努力，终于生产出了紫色染料，工艺技术也不断提高。

1861 年，潘琴在英国化学会上做报告，介绍煤焦油在工业上的用途。报告结束后，著名科学家法拉第向他表示祝贺，称赞他在制取紫色染料方面的成就，潘琴却谦虚地说："这没有什么，我是偶然碰到的。"

102. 英国医生邓洛普发明自行车

在我们这个自行车的王国里，你知道自行车是谁发明的吗？

1888 年英国医生邓洛普给儿子做了一辆自行车。可是当时自行车的轮子是木头做的，常常把儿子摔得鼻青脸肿。

一天，邓洛普拿着橡胶管在花园里浇花，由于水的流动，震得他的手心痒痒，橡胶管的这种弹性使他一下子联想到儿子爱玩的自行车，他想："如果把橡胶管灌满水，安到自行车轮上，不就可以减轻车子的颠簸吗？"于是橡胶管制成的轮胎成为所有自行车轮、汽车轮等橡胶轮胎的老祖宗。

后来，人们把灌水轮胎改为弹性更大的充气轮胎。从此，自行车就成了既轻便又灵活的交通工具，博得了人们的喜爱。

自行车刚刚诞生时，车轮上并没有轮胎，只有一层橡皮。这种自行车骑起来像骑马一样，颠簸得厉害。如果路况不佳，摔倒是常有的事。因此，当时的自行车被称为"震骨器"。并且被广大年轻人所喜爱。一次，邓录普的儿子——小邓录普所在的学校要举行一次自行车比赛，小邓录普十分高兴，打算参加这次比赛。

小邓录普分析了其他参赛同学的实力后，认为大家练车都练得很勤，自己在实力上并没有明显的优势。那么，能不能让自行车的性能更好些呢？小邓录普望着自行车细心地琢磨起来。他对自行车的轮子、踩板都做了一些改动，可这并没有改善自行车的多少性能。

比赛的日子一天天在逼近，小邓录普急得茶不思，饭不想。邓录普看着儿子愁眉苦脸的样子，问道："小家伙，是什么事让你不开心？"

小邓录普便将自己的烦恼告诉了父亲。

"我来给你做技术顾问。"父亲笑着说。

就这样，父子俩围着自行车忙开了。开始邓录普试图从改进链条入手，可效果并不理想。"试试改造车轮吧。"邓录普想到此把一层厚橡皮包在车轮上。他骑上一试，果然比原来用薄橡皮包的省力一点，震动也没有那么厉害了。

邓录普并不满足，他决心趁热打铁，进一步改进车轮的行驶性能。因为经过这些天来的尝试，他已经对自行车的改进工作产生了浓厚的兴趣。

一件突然发生的事情给邓录谱带来了灵感。那天，邓录普送走了一位病人后，便来到花园，拿起橡胶水管一盆一盆地浇水，浇着浇着，他忽然想到："橡胶水管有弹性，如果将这做成一个圆环，往里面打足气，套在自行车车轮上，自行车一定会跑得更快。"

想到这，邓录普急忙测量了车轮的周长，截下一段橡胶水管。然后用胶将两端接头接牢，又往橡胶管里打足气，封上打气孔，最后将它绑在轮子上。小邓录普见了，迫不及待地抢过这辆刚改进的自行车，骑了一圈。

小邓录普对父亲的改进特别满意，这时他的自行车骑起来既省力又舒服！邓录普自己也试骑了一圈。果然，效果立竿见影。他深信这辆通过改进的车一定会让他的儿子在比赛中夺得第一名。

果然，比赛时小邓录普一路领先夺得了冠军。他的超常发挥让老师和同学们惊讶不已。

"你今天怎么体力那么好?"他们纷纷问小邓录普。

"不是体力好，"小邓录普指了指自行车上的轮胎，"你们瞧，我的自行车和你们的一样不一样?"

小邓录普的自行车确实很独特。大家争先恐后地骑上去试了试，都赞不绝口。很快，附近的自行车都装上了充气轮胎。精明的自行车制造商也纷纷改进了工序，充气轮胎得到了推广。